中公新書　1704

竹内　洋著

教養主義の没落

変わりゆくエリート学生文化

中央公論新社刊

目次

教養主義の没落

　野口の書斎の棚は洋書に充たされ、自分の読めない言葉にかづは敬意を抱いた。野口もよくこの効果を知っていて、かづが訪ねて来るときは書斎で会った。まわりの本棚を見まわしながら、かづは無邪気な質問をした。

「これをみんなお読みになったんですか」

「ああ、殆んど読んだ」

「中には怪しげな御本もあるんでしょ」

「そういうものは一冊もない」

　こんな断言で、かづはしんからおどろいた。知的なものが知的なものだけで成り立っている世界は彼女の理解の外にあった。すべてに裏がある筈ではなかったか。かづに野口が絶えず新鮮な感銘を与えるのも、この人物だけには裏側がなくて、こちらに向けている面だけしかないように思われるからかららしい。

（三島由紀夫『宴のあと』）

序章　教養主義が輝いたとき

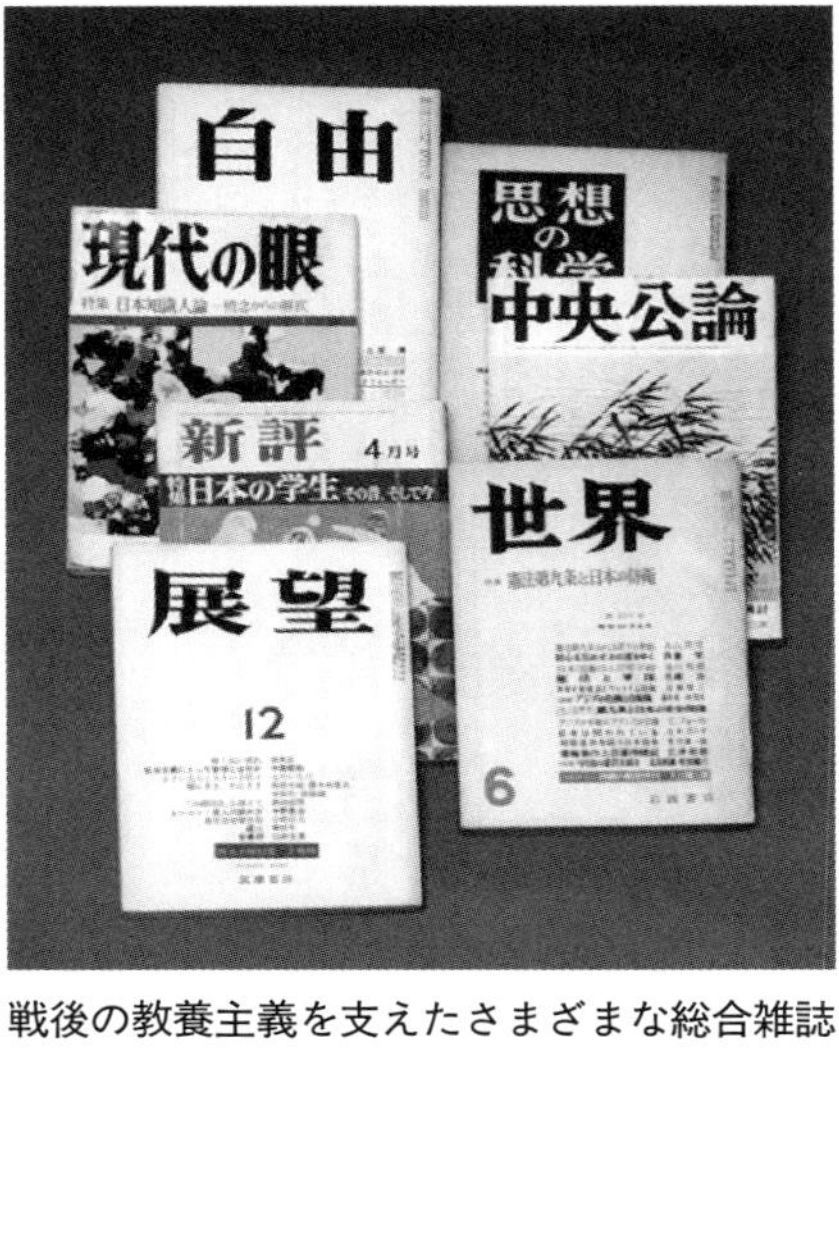

戦後の教養主義を支えたさまざまな総合雑誌

プチ教養主義者

わたしが中学校三年生のとき、いまから四七年も前。一九五六（昭和三一）年のことである。前年、いわゆる五五年体制――左右両派の社会党の統一と、自由、日本民主両党の保守合同による自民党一党支配体制――がはじまり、一人当たり実質国民所得が戦前の最高（一九三九年）水準にまで達した。この年の『経済白書』は、「もはや『戦後』ではない。（中略）回復を通じての成長は終わった。今後の成長は近代化によって支えられる」と書いている。「イノベーション」（技術革新）や「新しい国造り」という言葉も使われている。人々の生活にすこしずつ豊かさの兆候が現われはじめた。地方の町にあったわが家にも蛍光灯がついた。裸電球はトイレや物置などに限られるようになった。都市ガスがないこの地域では、それまで薪や炭で煮炊きをしていたが、かまどやコンロのかわりに、灯油コンロを使うまでになっていた。

そんなときに、独身の青年教師が、つぎの下宿が見つかるまでということでわたしの家にしばらく住むことになった。地元の新制高等学校のM先生である。

旧制富山高校に入学し、新制富山大学を卒業した数学の先生だった。先生が引っ越してくるときに、リヤカー（和製英語、物を運ぶ二輪車。大八車とならんで当時よく使われていた）に積まれた蔵書やレコードの多さにびっくりしたものである。住宅事情がよいとはいえなかった時代だから、下宿といえば一部屋ときまっていた。ところが、先生は、本棚とレコードのために部屋をもうひとつ余分に使用した。といっても現在の水準からみれば、先生がそれほど多くの本やレコードを持っていたというわけではない。しかし、当時の田舎町では、そもそも難しそうな本がぎっしりつまった本棚があるような家は、ほとんどなかった。だから、先生の部屋は周囲とちがうオーラを放っていた。いまからふりかえれば、これが旧制高校的教養主義の香りだったのかもしれない。

先生から最初に読むのをすすめられたのは、ルナールの『にんじん』だった。つぎにすすめられたのが、芥川龍之介の短編小説集だった。「芋粥《いもがゆ》」や「河童《かっぱ》」などを読んだ。ここらあたりは楽しく読めた。（新制）高校生になると、『三太郎の日記』や『善の研究』をすすめられた。しかし、読んでも理解できないところが多かった。

さっぱり歯が立たなかった『三太郎の日記』や『善の研究』は、大学生になって読めばわかるようになるだろうとおもっていたから、わからない本を読んで読書がいやになったりはしなかった。むしろ、まったく反対である。いずれはこういう書物をすらすら読まなくてはいけない、いや読めるだろうとおもったのである。また、このような本をすらすら読める生活がもうすぐのところにあるとおもうと、わくわくさえした。

『世界』

進学指導に熱心なM先生は毎月『蛍雪時代』を購読していたが、なぜか同時に岩波書店発行の雑誌『世界』も購読していた。わたしが、はじめて総合雑誌なるものに出会ったのは先生のおかげである。

大江健三郎が『世界』を読みはじめたのは高校二年生(一九五一年)のときらしい。一九五一年一〇月号の講和問題特集号がきっかけのようだ。「(略)僕が初めて意識的に『世界』を手にとったのは一九五一年の夏休みあけのことであった。僕は十六歳の高校生で地方に住んでいた」(『持続する志』)と書いてある。とすると、わたしが『世界』を手にした学年は、大江よりもずっと早いのかもしれない。といっても当時のわたしは『世界』の重厚な論文をとても読む気はしなかった。スターリン批判などの世界情勢を論ずる論文の題名からして、地方の町にのどかに流れる時間や空間とは相当に異質だったからである。論文のほうはパスし、グラビアをパラパラめくる程度だった。

もっともM先生自身も毎月配達される『世界』をどの程度読んでいたか、ちょっと疑問のところがあった。ページを繰った跡がみえなかったからである。また、先生から政治的な意見を吹きこまれることはいっさいなかった。先生自身、当時の進歩的文化人風なところはまったくなかった。にもかかわらず、『世界』を定期購読していたことは、いまとなっては謎である。

たとえ読まなくとも、『世界』を定期的に購入し、本棚に並べていることがインテリたる高校教師の証《あかし》だったのかもしれない。高校進学率はまだ五一パーセント（全国平均）。当時の高校教師はどうみてもいまの大学教授より威信があったようにおもう。新制高校教師こそ地方の文化人だった。この町では、女学校出のインテリ有閑婦人を対象にカルチャーセンターまがいの文化サロンもあった。サロンの講師はきまって新制高校の若い先生だった。

話を雑誌『世界』との出会いのところに戻そう。高校生のときはグラビアを除いて『世界』の記事や論文をほとんど読まなかったといったが、それでも大学生というのは、こういう雑誌を読む人たちなのだという刷り込みは十分なされた。また、大学に入学すると同時に『世界』を定期購読して熱心に読むきっかけにはなった。プチ教養主義者の誕生である。

旧制高校文化の香り

一九六一（昭和三六）年に大学生になった。安保闘争が敗北し、キャンパスはいくぶん静かになったが、まだ学生運動もさかんだった。入学した京都大学の教養部の授業は、旧制第三高等学校の敷地でおこなわれており、旧制第三高等学校の建物もそのまま使われていた。建物だけではない。京都大学の教授のかなりは旧制高校出身者だった。

旧制高校が廃校になったのが一九五〇（昭和二五）年だから、わたしが入学したころの教師のほとんどは旧制高校を卒業していたことになる。コンパでは、しばしば教授のドイツ語の歌を聞いた。わたしたち戦後の大学生は旧制高校の香りを教授たちから得ることになった。学生文化にも旧制高校の雰囲気が残っていた。寮やクラスコンパでは「アインス、ツヴァイ、ドライ」の掛声で旧制高校の寮歌が歌われた。ストーム（徒党を組み荒々しく蛮声とともに部屋に侵入し乱暴狼藉《ろうぜき》をはたらく夜半の襲撃）や寮雨（寮の階上から小便をすること）もあった。エッセン（食事）やゲル（お金）、メッチェン（若い女性）などの旧制高校生用語も使われていた。

また旧制高校生が愛読した倉田百三《くらたひゃくぞう》の『愛と認識との出発』や西田幾多郎《きたろう》の『善の研究』、阿部次郎の『三太郎の日記』なども必読書だった。河合栄治郎《かわいえいじろう》の『学生と教養』や『読書と人生』なども文庫本で存在しており、ひろく読まれていた。また、昭和戦前期の教養主義のマニュアル本となった『学生叢書《そうしょ》』（河合栄治郎編）を範にしたとおもわれる『現代学生講座』（河出書房）もあった。『学生叢書』と同じように『学生と教養』『学生と読書』などのシリーズ本だった。同時にマルクス主義の影響もつよかった。『資本論』や『ドイツ・イデオロギー』などの読書会はキャンパスのあちこちでおこなわれていた。寮や下宿では夜を徹しての人生論や哲学論議もさかんだった。

夏休みと読書

夏休みになると、大学図書館や書店で読むべき本を探し、それをもって帰郷した。昼間は海水浴をし、夜は本を読むという生活をした。また、勉強会と称して友人たちと、禅寺に数日宿泊したこともある。しかし、わたしが格別勉強家の学生というわけではなかった。

昔の大学生は故郷や避暑地（高原や海岸）で書物を読んだり、高等文官（公務員）試験の勉強をするというのが正しい夏休みの過ごし方だったのである。だから昔の雑誌は夏休み前になると、「夏期学生読物」のような記事を載せていた。といっても最初立てた読書の予定の半分はおろか三分の一も進んでいないところで、夏休みは終わってしまって愕然《がくぜん》とする、というのが毎年の顚末《てんまつ》ではあった。

そんな苦い経験があったからか、漱石の『こゝろ』を読んでいて、つぎのような場面に出会い、妙に安心したことも思い出す。そこには「私」の夏休みの準備がつぎのように出てくる。

「私は此《この》一夏を無為に過ごす気はなかつた。国へ帰つてからの日程といふやうなものを予《あらかじ》め作つて置いたので、それを履行するに必要な書物も手にいれなければならなかつた。私は半日を丸善の二階で潰《つぶ》す覚悟でゐた。私は自分に関係の深い部門の書籍棚の前に立つて、隅から隅迄《まで》一冊づつ点検して行つた」。ところが父の病気などで「私」の夏休みの予定の進み具合がはかばかしくない。「私」の反省がつぎのように書かれている。「私は東京を立つ時、心のうちで極《き》めた、此夏中の日課を顧みた。私の遣《や》つた事は此日課の三ヶ一にも足らなかつた。私は今迄も斯《こ》ういふ不愉快を何度となく重ねて来た」。

わたしのほうは、小説『こゝろ』の「私」のように、丸善で読むべき本を点検するというような周到な準備はもちろんしなかったが、あらかじめ立てた予定の三分の一にも達しなかったところはそっくりである。

とはいえ、閑静な田舎で、読書を含めてゆったりと過ごすことができたことは、なんとも贅沢《ぜいたく》な時間と経験だった。いまにしてあらためておもう。こうした都会を離れる大学生の夏休みの「正しい」過ごし方が消えたのは、なんといってもクーラーの登場が大きい。多くのすぐれた書物を読むという夏休みの過ごし方が消えたのは大学生の世界から教養主義が消滅したことによるだろう。

そうはいっても、ダンスや異性遊びが得意な「軟派」型や公務員試験などのために受験勉強をもっぱらにする「実利」型、運動部の学生のような「硬派」型の学生下位文化もあった。それでもタテマエとしては学生文化のなかで教養主義（マルクス主義的教養主義・教養主義的マルクス主義）が支配的地位を占めていた。わたしのようなプチ教養主義者がキャンパスで浮くことはなかった。

『中央公論』

学生運動も安保闘争が敗北し、学生運動団体は分派が分派を生む状況だったが、それでもまだまだキャンパスは騒々しかった。わたしは、学生運動の先頭に立つほど、思想性も度胸もなかったが、デモには加わった。京都の大学生のデモの圧巻は円山《まるやま》公園前や四条河原町《しじょうかわらまち》交差点あたりでの渦巻きデモである。このとき規制しようとする機動隊と激しくぶつかる。機動隊を殴ったり、蹴《け》ったりする回数よりも、殴られ、蹴られるほうがはるかに多かった。学生を殴る機動隊を憎んだ。しかし、機動隊員に対する「権力の手先」という罵倒《ばとう》はともかく、「犬」とか「百姓」という口汚い罵声にはついていけなくなりはじめた。

反省もするようになった。機動隊員は学力優秀で身体機能にも秀でた高卒者から選ばれている。家庭の事情が許されたら大学へも進学できただろう。こちらは、学生という有閑身分で、人民のためとかいう大義のもとに、実のところは青春を謳歌しているのである。若い機動隊員が学生を殴りたくなる気持ちもわかるようになってきた。若い機動隊員の胸のうちは、おれたちだって、学生になって、デモで暴れたいのだ。それをこうやって、我慢して警備についている。いいかげんにしろ、ということではないのか……などとおもうようにもなった。

そんな懐疑心が芽生えるころ、教養部の生活は終わり、学部（教育学部）に進学し、しだいにデモからも足が遠のいた。

まるでそのようなわたしの心象の微妙な変化を象徴するように、それまで『世界』を定期購読していたのが、このあたりから手に取ることをやめてしまった。そうはいっても総合雑誌を購読するのをやめたわけではない。このころから『世界』ではなく、『中央公論』を読むようになった。当時、『中央公論』には高坂正堯《こうさかまさたか》（一九三四―九六）が「現実主義者の平和論」（一九六三年一月号）によってデビューし、進歩的知識人とは異なる現実派知識人という新しい知識人タイプが生み出されはじめていた。

わたしが定期的に『中央公論』を購読することになって最初に読んだ論文は、工業化の成功によって社会に目標が喪失してしまったとする加藤秀俊の「無目標社会の論理」（同年四月号）である。そのあと会田雄次（一九一六―九七）の「西欧ヒューマニズムの限界」（五月号）や萩原延寿《はぎはらのぶとし》（一九二六―二〇〇一）の「日本知識人とマルクス主義」（一二月号）などを読んだことが記憶に残っている。数年たつと、永井陽之助が国際政治や学生運動についての独自の見解をまとめた巻頭論文を書くようになる。丸山眞男《まさお》（一九一四―九六）の美学的文体ともちがった永井のポップでセクシーともいえる文体に新鮮な驚きと魅惑を覚えたものである。

総合雑誌の時代

考えてみると、教養主義といわれた学生文化は文学・哲学・歴史関係の古典の読書だけでなく、総合雑誌の購読をつうじて存立していた面が大きい。

教養主義が学生規範文化になった大正時代や昭和戦前期は、『中央公論』『改造』『経済往来』（一九三五年から『日本評論』に誌名変更）などの総合雑誌の時代だった。総合雑誌の知的クオリティは高かった。講座派と労農派の論争なども、しばしばこれらの雑誌に掲載された。そんな時代の雰囲気は、鶴見俊輔などによる「座談会　総合雑誌と巻頭論文」（『中央公論』一九五七年五月号）にみることができる。座談会に出席している林健太郎（第二十代東大総長）は総合雑誌を読みはじめたのは（旧制）高校二年生のとき（一九三〇年）だといい、総合雑誌の巻頭論文などによって大きな影響を受けたことをつぎのように語っている。

「私は一生懸命読みました。そのころの問題は、初めはマルクス主義の是非の論争で、小泉信三《しんぞう》（一八八八―一九六六）さんや、高田保馬《たかたやすま》（一八八三―一九七二）さんの批判が有名ですが、少しあとになると、マルクス主義批判はほとんどなくなってマルクス主義内部の論争、つまり講座派と労農派の論争ということになったと思います。確かにむずかしかったのですが、それを読んで大いに影響を受けた人は私ばかりでなくたくさんあったと思います。それはみな総合雑誌の巻頭論文のおかげなんですね」

林健太郎とほぼ同世代の作家杉森久英《すぎもりひさひで》（一九一二―九七）も、自分たちの学生時代は『中央公論』と『改造』の二冊を読まないと、「時代に遅れると思われていた」という。この二つの雑誌に掲載された論文や小説がその月の知識階級の話題の中心になったからである。「そのころはマルキシズム全盛で、文科の学生でも経済学を知らなければ、革命に参加できないといわれていたから、私たちは『改造』に連載された河上肇《かわかみはじめ》（一八七九―一九四六）の剰余価値に関する論文や『第二貧乏物語』を、まじめくさって熟読した」（「値段の明治大正昭和風俗史　総合雑誌」『週刊朝日』一九七九年一〇月一二日）、と書いている。

昭和戦前期の（旧制）高校生や大学生の教養は、高校や大学の授業などの公式カリキュラムだけではなく、総合雑誌や単行本、つまりジャーナリズム市場をつうじて得られていた。しかも、総合雑誌の論文のクオリティが学会誌などよりも高くさえあったといわれていることにも注意したい。

総合雑誌読書率

一九三八（昭和一三）年に実施された文部省教学局『学生生徒生計調査』に「平素閲読せる雑誌」の学校類型別結果がある。愛読雑誌の上位は、『中央公論』『文藝春秋』『改造』である。もちろん学校類型によって愛読雑誌のパターンに違いはある。大学（帝大、官公立大、私立大）や高校、官公立商業では「平素閲読せる雑誌」のトップに『中央公論』が挙げられているが、大学予科、高等師範、官立外語、官公立美術・音楽専門学校、高等商船・水産専門学校、私立専門学校、官立高等工業専門学校では、中間雑誌である『文藝春秋』がトップに挙げられている。官公立医・薬専門学校や官立高等農業学校では通俗大衆雑誌である『キング』がトップである。ここで『中央公論』『改造』『日本評論』を総合雑誌として、学校類型別に読書率を計算してみた。女子高等師範学校と公私立女子専門学校は『婦人公論』を総合雑誌として計算している。

表序－1　総合雑誌*読書率(1938年)

学校名	%
帝大	44.7
官公立大	30.7
私立大	39.0
官公私立高校	22.9
帝大、官公立大予科	29.6
私立大予科	26.8
高師	19.0
女高師**	18.4
公私立女子専門**	29.2
官公立医・薬専	8.0
官立外語	26.3
官公立美術・音楽	5.3
官立高工	9.4
官立高農	17.7
官公立高商	30.7
高等商船・水産	11.5
私立専門	21.6

＊『中央公論』『改造』『日本評論』
＊＊上記3誌のほかに『婦人公論』
(注)複数回答している者もいるから、実際の読書率は表の%を下回る
(出所) 本文参照

それが表序－1である。

ただし表の割合は、回答者数からみた割合である。複数の雑誌を挙げた者が少なくないから、実際の総合雑誌読書率は、表の割合を割り引いてみなければならない。そうだとしてもすくなくとも帝大生

表序‐2　慶應義塾大生の愛読雑誌（1935年）

雑誌名	%
改　造	12.1 (226)
中央公論	11.1 (207)
文藝春秋	7.1 (132)
キング	6.0 (112)
経済往来	5.7 (107)
新青年	2.8 (52)
エコノミスト	2.7 (50)
セルパン	2.5 (47)

（注）回答総数1,864
（出所）本文参照

の三人に一人、旧制高校生や高等専門学校生も五一〇人に一人くらいの割合で総合雑誌（『中央公論』『改造』『日本評論』）を読んでいたことになる。さきほど触れたように、中間文化を象徴する『文藝春秋』あるいは、大衆文化を象徴する『キング』を第一位に挙げる学校も少なくないが、表序‐1にみることができるように、そうした学校でも、一〇人に一人程度は『中央公論』『改造』『日本評論』のいずれかを読んでいたのである。

もうひとつ一九三五年の慶應義塾大学学生調査（奥井復太郎・藤林敬三「学生生活の思想的方面の一調査」『三田学会雑誌』一九三五年、第二九巻一〇号）をみることにしよう。調査は経済学部、法学部、文学部、高等部の学生約三〇〇〇人に配布された。回答は一〇二二。ただし、複数冊を回答した者がいるから、回答総数は一八六四。回収率は約三〇パーセントである。この回収率に注意しながら調査結果をみよう。

愛読雑誌のランキングは、表序‐2にあるとおりである。『改造』や『中央公論』などの総合雑誌が上位を占めている。回答者（一〇二二人）の五三パーセントが総合雑誌である

『中央公論』『改造』『経済往来』を愛読しているという割合は、一九三八年調査からおこなった先述のわたしの推計からみると多いが、一九三八年調査は回収率が九〇パーセント以上であることに注意したい。慶應調査の回収率は三〇パーセント前後である。調査に回答しなかった者には総合雑誌を読む者が少なかったことが当然予想される。そこで複数回答、および回答しなかった者は、総合雑誌をほとんど読んでいなかったなどを勘案すると、慶應調査の総合雑誌読書率は、二割程度に下がるだろう。表序－1に近い割合になる。

もちろん学歴の低い一般庶民の多くは総合雑誌などは読んでいない。さきの学生調査がおこなわれたころ、青年学校の読書調査もおこなわれている。青年学校とは、一九三五（昭和一〇）年四月一日の青年学校令によって設立された勤労青少年のための中等学校である。庶民より学歴水準が高いが、限りなく庶民に近い学歴である。青年学校は庶民（低学歴層）上層と考えてよいだろう。

一九三九（昭和一四）年の青年学校読書調査（桐原葆見《きりはらしげみ》「青年の読書に関する調査」『労働科学研究』一九三九年九月号）によれば、毎月読む雑誌には、総合雑誌は出てこない。挙げられているのは『キング』や『講談倶楽部《クラブ》』『日の出』などである。最近一年間に読んだ雑誌という項目に総合雑誌が挙げられているが、一パーセント未満にすぎない。『中央公論』『改造』『日本評論』はおろか『文藝春秋』でさえも、疎遠な雑誌だったのである。

といっても総合雑誌を読む学生は、学生の過半数を超えてはいなかった。せいぜいが三割程度のものではあった。それにしても、学生の三割、あるいは二割にしても今日からみれば、相当な読書率である。学生文化と総合雑誌は切っても切れないほどの関係にあったことがあらためて確認されるだろう。

こうした傾向は戦後も続いた。継続というより、大学生の数が急増することによってむしろ大衆的に拡大した。わたしが大学生だったときも、『世界』(一九四六年創刊)や『中央公論』(一八八七年創刊の『反省会雑誌』を濫觴《らんしょう》として一八九九年『中央公論』と改題)、『展望』(一九四六年創刊、休刊を経て一九六四年復刊)、『思想の科学』(一九四六年創刊、休刊を経て一九五四年復刊)、『朝日ジャーナル』(一九五九年創刊)などがかなり読まれていた。そのほかにも『日本』(一九五八年創刊)、『自由』(一九五九年創刊)、『潮』(一九六〇年創刊)、『現代の眼』(一九六一年創刊)、『現代の理論』(一九五九年創刊、休刊を経て一九六四年復刊)などがあった。

さきほどの林健太郎や杉森久英の総合雑誌についての発言にあったように、総合雑誌の論説は一般教養だけでなく、専門の学問の入り口にもなった。第一線の学者が書いていただけに、学問がひろい読者とつながっていた。一九六〇年代前半までは総合雑誌の花盛りで、『中央公論』は一五万部、『世界』は一〇万部近い売行きだったともいわれている。ちなみに戦前の『中央公論』は、「最も調子のよい時で七、八万刷り、二割から三割返品で五万内外」(牧野武夫『雲か山か——雑誌出版うらばなし』)の販売部数といわれている。

そんな戦後の総合雑誌ブーム時代に対して、加藤秀俊は、週刊誌が「常識」への欲求を満足させる媒体であるときに、総合雑誌は「教養」概念を満足させるすべてのものを含んでいる、と喝破している。「さまざまな『主義』のレベルで世界を切りとり、その切りとり方に従うことで、日本知識人の『教養』が形成されてゆくのだ」(「総合雑誌に注文する」『中央公論』一九六〇年一一月号)、と。総合雑誌はその名のとおり、社会科学論文から小説、映画、音楽まで多岐にわたっている。人々は、総合雑誌をつうじて教養主義者になったが、同時に総合雑誌の購読によって教養共同体を形成していたのである。総合雑誌に掲載された論文やエッセイはしばしば学生間の話の種になったからである。まさしく総合雑誌は知識人の公共圏を形成する媒体であった。

経営者も

わたしの個人史のほうに戻ろう。学部に進学して、専門的勉強もしたけれど、あいかわらず、文学から歴史、哲学などのつまみ食い読書を楽しんだ。あるとき、同じ大学の理系の学生がわたしの下宿にきて、本棚をしげしげながめた。「うーん……なんか統一がないなあ。なにが専門だかわかれへん。もっと専門的な勉強をしないと……」と説教された記憶がある。「さまざまの花から、さまざまな蜜《みつ》をあつめることが教養といふものとされた」「あれもこれも」（唐木順三『新版　現代史への試み』）式の大正教養主義的な様式をなぞった読書生活だった。ここらあたりがわたしがプチ教養主義者であったゆえんというものだろう。

それでも卒業論文のために、当時流行のアメリカ社会学を勉強しなければとおもい、アメリカの社会学者ロバート・K・マートンの機能主義をテーマにした。機能分析を社会工学と通底する思考だとして、（順）機能や逆機能の参照項を抽象的な社会システムではなく、階級社会に措定することによって、機能主義理論の社会工学的モデルを社会変革モデルに変換できるという、これ以上内容を書くのは恥ずかしい卒論だった。

就職は、マスコミを第一志望としていたが、難しいから、一般企業も探さなければならなかった。しかし、当時、教育学部や文学部の学生に受験機会をあたえる大企業はほとんどなかった。あたりまえのように指定学部制がとられていたのである。教育学部や文学部は教員になるか、あるいはマスコミなどに就職するものであって、企業に就職するなど世間の人も当の学生もほとんど考えていなかった。大学の学部は進路と重なっていたのである。そのせいだろう、わたしが入学したころの教育学部や文学部は、法学部や経済学部と比べれば格段に入学しやすかった。卒業すれば就職難が待っているのだから当然だろう。

わたしは、第一志望の某新聞社に入社できず、そのころ珍しく学部を問わない採用試験をおこなっていた保険会社に入社した。面接試験のときに、東京商科大学（一橋大学）出身の社長がわたしの卒論の予定題目「ロバート・K・マートンの機能主義」に興味を示し、「きみ、機能主義とはどのようなことをいうのかね」「アメリカ社会学とはどのような考え方なのか」などと説明を求めた。若気のいたりそのものの稚拙な答えを長々としたが、この社長は自分の若き日の教養青年（社会科学青年や文学青年）時代を思い出すように、わたしの応答を楽しんでいた。入社して、研修所にかよったが、第二高等学校、東北帝大卒の所長の訓話には、スタンダールの恋愛論やカントなどがしばしば出てきた。ゲゼルシャフトやゲマインシャフトというドイツ語も出てきた。そんな時代だったのである。

関西大学の調査

わたしが経験した京都大学でのキャンパス文化はなにも一部の国立大学だけのことではなかった。全国のほとんどの国立大学でみられたことだった。新潟大学が旧制新潟高校を引き継いだように、多くの地方国立大学は旧制高校を合併してできあがったものだからである。

私立大学においても、旧制高校卒の教師は少なくなかった。また私立大学卒の教師の場合でも、大学予科という旧制高校的教養主義の雰囲気をもった学校を経ている。

ここで、わたしが京都大学の学生だったころ、つまり一九六三年と一九六五年の関西大学の学生生活調査から読書の傾向をみてみよう。

表序-3　関西大生の感銘本（1963年）

順位	書籍名
1	徳川家康
2	罪と罰
3	赤と黒
4	学生に与ふる書
5	人間の条件
6	三太郎の日記
7	復活
8	武器よさらば
9	出家とその弟子
10	おれについてこい

（出所）『関西大学学生生活実態調査報告書　昭和38年度』1965

一九六三（昭和三八）年の感銘本は表序-3である。『徳川家康』や『人間の条件』、『おれについてこい』などのベストセラーも入っているが、戦前の教養主義の定番本である『三太郎の日記』（阿部次郎）、『出家とその弟子』（倉田百三）、『学生に与ふる書』（天野《あまの》貞祐《ていゆう》）が上位一〇冊のうちに入っている。

これより二年あと一九六五年の、よく読む雑誌と週刊誌についての調査は表序-4、5のとおりである。順位欄の括弧のなかの数字は、同じ一九六五年の毎日新聞社による「読書世論調査」（満一六歳以上の男女）による順位である。『中央公論』は一般調査では一二位であるが、関西大学調査では二位、『世界』は一般調査ではランク外であるが、関西大学調査で

表序－4　関西大生のよく読む雑誌（1965年）

順位	雑誌名
1 (1)	文藝春秋
2 (12)	中央公論
3 (18)	リーダーズ・ダイジェスト
4 (-)	世界
5 (15)	宝石
5 (-)	旅
7 (-)	法学セミナー
8 (-)	時
8 (-)	受験新報
10 (10)	小説新潮

（　）内は同年の全国調査（16歳以上）の順位

（出所）『関西大学学生生活実態調査報告書　昭和40年度』1967

表序－5　関西大生のよく読む週刊誌（1965年）

順位	週刊誌名
1 (15)	朝日ジャーナル
2 (2)	サンデー毎日
3 (11)	平凡パンチ
4 (3)	週刊朝日
5 (4)	週刊新潮
6 (6)	週刊文春
7 (-)	エコノミスト
8 (14)	週刊サンケイ
9 (13)	週刊現代
10 (8)	週刊読売

（　）内は同年の全国調査（16歳以上）の順位

（出所）表序－4と同

は四位である。『朝日ジャーナル』は、一般調査で一五位のときに関西大学調査では一位、『エコノミスト』は一般調査ではランク外のときに関西大学調査では七位に入っている。大学生の読書が一般社会人と異なった傾向をもつものであることが示されている。『平凡パンチ』（一九六四年創刊）をはじめとする週刊誌が、かなり読まれていることからわかるように、大学生文化における大衆文化現象はみえるものの、一般の読書調査では上位にはない『中央公論』や『世界』、『朝日ジャーナル』がよく読まれる雑誌の上位に登場していたのである。

もっとも回答者数は一六一四人（一

部一二七二人、二部三四二人）。したがって、割合からすれば、総合雑誌の類を読む学生はそう多くはなかったかもしれない。『文藝春秋』『中央公論』『世界』『朝日ジャーナル』『エコノミスト』を総計すると、五一三。仮に、一人一冊しか読まないとすると、回答学生の三・一人に一人の割合になる。複数回答した者がいるはずだから、総合雑誌を読む者は、おそらく四人に一人か五人に一人になるだろう。半分以上は読んでいないわけだが、それでも四人に一人か五人に一人が総合雑誌を読んでいるというのは、いまからみればかなりの割合である。

本書の目的

とはいっても、いまからふりかえれば、わたしを含めたプチ教養主義者の教養崇拝は、教養主義的教養癖のきらいもあった。もっといえば、動機のかなりは不純でさえあったかもしれない。大半のプチ教養主義者は、散漫な知識を寄せ集めるニーチェのいう教養俗物（『反時代的考察』）のようなものであったことは否めない。わたしの大学時代はサルトルブームだったが、いま考えれば作品の中身を本当に理解していたのかどうか、かなり怪しい。まあ、ほとんど理解していなかったのではないだろうか。それでも時流にのり、実存哲学のフレーズを振り回し、哲学青年や文学青年を気取ったものである。

教養知は友人に差をつけるファッションだった。なんといっても学のあるほうが、女子大生にもてた。また女子学生も教養があるほうが魅力的だった。また教養崇拝は、学歴エリートという「成り上がり」（マックス・ウェーバー）が「教養」というメッキによって「インテリ」や「知識人」という身分文化を獲得する手段であったことも否めない。

こういう不純な動機を意識させなかったことは、教養主義がキャンパスの規範文化だったからであろう。しかし、不純な動機だけだったというわけではない。教養を積むことによって人格の完成を望んだり、知識によって社会から悲惨や不幸をなくしたいと思ったことも間違いのないところなのである。読書をつうじた人格形成主義や社会改良主義という意味での教養主義は、なぜかくも学生を魅了したのだろうか。そして、なぜ、教養からオーラが、教養主義から魅惑が喪失してしまったのだろうか。いまとなっては謎となった。

大正時代の旧制高校を発祥地として、一九七〇年ころまでの日本の大学キャンパスにみられた教養と教養主義の輝きとその後の没落過程をあらためて問題《プロブレマチック》として考えてみたい。

ここで、1章に進むまえに本書のアプローチについてあらかじめ言いそえておきたい。マックス・ウェーバーは、『プロテスタンティズムの倫理と資本主義の精神』の中で、「宗教上の立場が到達しようと欲した理想と、その立場の信仰が事実上信者の生活態度に及ぼした影響とは、明晰《めいせき》に区別しなければならない」とし、自分の研究はプロテスタントの神学や信仰の理想そのものの研究ではなく、信仰が信徒の生活態度に及ぼした事実の考察であることを強調している。ウェーバーのこの言明を借用させてもらえば、本書の対象は教養そのものよりも教養主義と教養主義者の有為転変のほうにある。近代日本社会を後景にしながら、教養主義（者）の軌跡を辿《たど》ることで、エリート学生文化のうつりゆく風景を描き、教養主義への鎮魂曲《レクイエム》としたいのである。

引用文のうち漢字は原則として新字を用い、旧仮名遣いはそのままとした。引用文献については、本文中では雑誌論文についてのみ掲載誌の巻号あるいは発行年月を記載し、書籍所収論文と書籍については論文名、書籍名のみの記載とした。後者については巻末の主要参考文献で、発行年や出版社などを確認できるようにした。

1章　エリート学生文化のうねり

『中央公論』1966年３月号で対談する大江健三郎（左）と高橋和巳

「半」新制高校世代と「純」新制高校世代

近代日本の教養主義をあらためて問題として考えるために、同年（一九三二年）生まれの二人の戦後作家、黒井千次《せんじ》と石原慎太郎をとりあげよう。

二人は、ともに旧制中学校に入学しながら、戦後の学制改革で新制高等学校を卒業し、新制大学に入学した世代である。二人よりも三歳若く、新制中学校から新制高校を経ている大江健三郎を「純」新制高校世代とすれば、黒井も石原も「半」新制高校世代である。しかし、「半」新制高校世代であるがゆえに、旧制高等学校世代ともっとも接近した新制高校世代である。それだけに旧制高校的なるものや旧制高校的教養主義に対するなんらかのスタンスをとらざるを得なかった世代である。しかも、黒井と石原の（旧制高校的）教養主義に対するスタンスは、継承・反復と反撥・侮蔑という対蹠《たいしょ》的位置にある。最後の旧制高校世代である高橋和巳《かずみ》（一九三一―七一）や純粋新制高校世代である大江健三郎との対比もしながら、旧制高等学校的教養主義への黒井と石原の評価や感情のありかとそのよってきたるゆえんを探ることをとば口に、近代日本の教養主義の輪郭を描いていきたい。

石原慎太郎については、次章で触れることになるので、黒井千次の来歴からみていこう。黒井は、大学を卒業して富士重工業につとめながら、企業の中の人間や労働について描いている。一九七〇（昭和四五）年、三八歳で会社を退職し、作家専業になった。企業や労働にとどまらず、家族をめぐる作品（『走る家族』）も発表している。作品に『時間』『五月巡歴』『羽根と翼』などがある。

わたしは、序章で触れたように大学を卒業してサラリーマン生活をほんの数年経験したせいか、あるいは、五〇年代的大学キャンパス文化を背負った黒井の小説の主人公が六〇年代前半に大学生だったわたしに同時代性を感じさせるのか、処女出版である『時間』（一九六九年）以来、小説やエッセイの読者のひとりである。そんなエッセイの中に「閉ざされた歌と開かれた踊り」（『海』一九七一年九月号）がある。

このエッセイの理解をよくするためには、黒井自身の履歴をもう少し知っておくほうがよいだろう。彼は、一九三二（昭和七）年五月、東京・中野に生まれた。四五（昭和二〇）年四月、都立武蔵ヵ丘中学校入学、都立十中に転校、学制改革で都立西高卒業。五一（昭和二六）年、東京大学経済学部入学。学制改革で旧制中学校が廃止され新制高校が発足したことから、旧制中学校入学、新制高校卒の世代である。2章で詳しく触れる石原慎太郎とまったく同じ学制移行世代である。

新制高校的と旧制高校的

学制移行世代だから、大学に入学すると、キャンパスには旧制高校出身者などの旧制学校出身者と黒井のような新制高校世代とがまじっていた。そんなことから、新制高校卒と旧制高校卒の違いを考えざるを得なかった、というのである。そこで黒井は、旧制高校の象徴を寮歌に、新制高校のそれをフォークダンスに見立てる。寮歌は「ストイックで劇的」であり、フォークダンスは「自然で日常的」である。エッセイの題名の「閉ざされた歌」は「寮歌」つまり旧制高校的なるものを、「開かれた踊り」は「フォークダンス」つまり新制高校的なるものを象徴している。

つづいて黒井はつぎのような考察をする。高橋和巳と大江健三郎には、世界観や思想とは別の「肉体的なといってもいい相異がある」。相異は、高橋和巳は旧制高校的で、大江健三郎は新制高校的であるからではないかという。それについてつぎのように書いている。

「(略) 高橋和巳には、旧制高校生活によって形成された固い殻の影が黒々と落ちているのであり、そして大江健三郎氏の中には、戦後民主主義の日常性が刻む時の音が鈍く、ゆるく響き続けている。この戦後民主主義、又は憲法感覚それ自身は、今、大江氏自身によっても厳しい再検討が加えられつつあるが、高橋和巳の中にあるいわば先天的な悲劇性は、大江氏の中では悲喜劇としてしか成立しないもののように思われる」

わずか四歳の違いにもかかわらず大江健三郎とは「肉体的なといってもいい相異がある」と、黒井によって指摘された高橋和巳の履歴もみておこう。

一九三一（昭和六）年、大阪市に生まれる。一九四四（昭和一九）年、大阪府立今宮中学校入学。大阪空襲による疎開で香川県立三豊《みとよ》中学校（いずれも旧制中学校）に転校、戦後、今宮中学校に復学。一九四八（昭和二三）年四月、旧制松江高校文科乙類入学。一九四九（昭和二四）年七月、新制京都大学文学部入学。一七歳から一八歳にかけてわずか一年ではあるが、旧制高校を経験した。一学期を寮で生活している。

黒井もそうであるように、このころの学校制度は新制と旧制が入り乱れていたため移行措置が複雑である。学制の移行と移行措置について説明しておこう。表1－1を参照しながら理解してもらいたい。図の上段が年少者で、下段にいくほど年長者である。

敗戦後、アメリカ教育使節団報告書と教育刷新委員会建議の内容にそって、一九四七（昭和二二）年度から教育基本法と学校教育法が施行された。六（小学校）・三（中学校）・三（高等学校）・四（大学）制を基本とする単線的な学校制度に改革された。小学校と新制中学校がこの年（四七年）から、翌年（四八年）には新制高等学校、翌々年（四九年、一部の私学は四八年）新制大学が発足した。しかし、旧制中学校や旧制高等学校などの旧学校制度のもとに在学していた者が多数いたから、切り替え移行措置がはかられた。

表1－1　旧学校から新学校への学生生徒の移行

→希望者進学　➡試験選抜　□は義務教育

	1946年度	47年度	48年度	49年度	50年度	51年度	52年度
大江健三郎の世代	国初6年	新中1年	新中2年	新中3年➡	新高1年	新高2年	新高3年
黒井千次・石原慎太郎の世代	国高2年→	新中3年➡	新高1年	新高2年	新高3年➡	新大1年 ➡短大1年	新大2年 短大2年
	青普2年→						
	旧中2年	併中3年					
高橋和巳の世代（網かけの部分が高橋和巳）	旧中3年	旧中4年	新高2年	新高3年➡	新大1年 ➡短大1年	新大2年 短大2年	新大3年
			➡旧高1年	➡新大1年	新大2年	新大3年	新大4年
			予科1年				
			旧中5年➡	専門2年 ➡専門1年	専門3年→ 専門2年➡		
高橋和巳よりも前の旧制中学入学世代	旧中4年	旧中5年→	新高3年➡	新大1年	新大2年	新大3年 ➡医歯1年	新大4年 医歯2年
			➡専門1年	専門2年	専門3年		
			➡高師1年	高師2年	高師3年	高師4年	
		➡予科1年	予科2年	新大2年	新大3年	新大4年	
			→新大1年	新大2年	新大3年	新大4年	
		➡旧高1年	旧高2年	旧高3年➡	旧大1年	旧大2年	旧大3年
					…（浪人）…➡	新大2年	新大3年

国初：国民学校初等科　国高：国民学校高等科　青普：青年学校普通科
旧中：旧制中等学校　旧高：旧制高等学校高等科　新中：新制中等学校
新高：新制高等学校　新大：新制大学　医歯：新制大学医歯学部　旧大：旧制大学　予科：旧制大学予科　併中：旧制中等学校併設新制中学校
（出所）百瀬孝『事典 昭和戦後期の日本』吉川弘文館 1995をもとに作成

新学制の公布（一九四七年）は、旧制高等学校の廃止を告知するものだったが、四八年に最後の入学生の募集がなされた。そして、一九五〇（昭和二五）年三月をもって廃止されることになった。したがって、高橋和巳より一学年上の一九四七（昭和二二）年度の入学者だけが旧制高校を卒業した。かれらは、一九五〇（昭和二五）年に最後の旧制大学（三年制）に入学した。高橋和巳のような四八（昭和二三）年入学者は、五一（昭和二六）年に卒業することになるから、旧制高校にいても卒業することができない。そこで、四九（昭和二四）年に新制大学受験資格を得た。旧制中学校五年生から四八（昭和二三）年に新制高校三年生に編入し、卒業した新制高校卒業生とともに新制大学（四年制）に受験機会を得ることになった。というわけで、四九（昭和二四）年の最初の新制大学入学生には高橋のような旧制高校世代と一学年下の新制高校世代が混在することになった。

しかし、この年の京都大学の入学者をみると、旧制高校出身者・専門学校出身者など旧制学校出身者が圧倒的に多い。七三パーセントを占めていた。新制高校卒は二六パーセントにすぎなかった。東大においてもこの年の入学者は旧制高校など旧制学校出身者が圧倒的多数を占めた。高橋和巳が京都大学に入学したときには、上級生は旧制大学生だから、新制高校卒はひとりもいない。旧制高校や専門学校卒業生ばかりだった。

高橋和巳は松江で旧制高校を体験しただけではない。大学においても旧制高校の雰囲気が濃厚な中で過ごしたことになる。黒井がさきのエッセイの中で高橋には旧制高校で形成された「固い殻の影が黒々と落ちている」というのは、一年間の旧制松江高校だけでのことではないのである。

大江健三郎

それでは、黒井によって高橋和巳の対極に位置づけられた大江健三郎の履歴をみよう。一九三五（昭和一〇）年、愛媛県喜多《きた》郡大瀬《おおせ》村に生まれる。四七（昭和二二）年、大瀬中学校入学、五〇（昭和二五）年、愛媛県立内子《うちこ》高等学校入学、愛媛県立松山東高等学校に転校。五四（昭和二九）年、東京大学文科二類入学。大江健三郎の中学校以後の学歴には、旧制の片鱗もない。それだけではない。旧制大学の最後の卒業生は五三（昭和二八）年三月である。また旧制高校卒で浪人し、臨時編入学試験によって新制大学二年に編入した者（表1－1の最下端）も一九五四（昭和二九）年三月に卒業している。大江が東大に入学したときに旧制高校卒者は、留年者以外いない状態だった。

生年でみれば、わずか四年の違いにすぎないとしても、当時の学制移行にともなう切り替え措置を考慮すれば、高橋和巳と大江健三郎の学生生活には、かなりの違いがあったことにあらためて気づくはずである。

戦後、石坂洋次郎（一九〇〇―八六）によって小説『青い山脈』（一九四七年六月九日―一〇月四日『朝日新聞』連載）が登場した。作者は、作品の意図についてこう書いている。「私はこの小説で、地方の高等女学校に起こった新旧思想の対立を主題にして、これから日本国民が築き上げていかねばならない民主的な生活の在り方を描いてみようと思ったのである」

(『現代日本文学アルバム第九巻　石坂洋次郎』)。舞台は高等女学校であるが、中心人物の男女が平等で、民主主義を情熱的に説き、実践していく姿は、新制高校文化の理念型そのものである。『青い山脈』は映画やその主題歌として、全国津々浦々をかけめぐった。『青い山脈』とフォークダンスはいかにも調和する風景である。「若くあかるい　歌声に」や「古い上衣よ　さようなら」(第二聯《れん》)ではじまる歌謡曲「青い山脈」(作詞西條八十《やそ》、作曲服部良一)は、戦後の軽さと明るさの象徴となった。これに共鳴感情をもてたのは、戦後の日本国憲法や民主主義を輝きの原点として語りつづける大江健三郎のほうだったことは間違いない。大江は、『民主主義』（文部省著作）という上下二冊の教科書にもとづいておこなわれた新制中学校の新憲法の時間についての熱い思いを語っている(「戦後世代と憲法」『厳粛な綱渡り』)。高橋和巳にとっては、異国の物のようなメロディではなかっただろうか。それは、それぞれの個性が新制高校的なものの中で育《はぐく》まれたか、旧制高校的なるものの中で育まれたかの違いによる。

さて、黒井はさきほど述べたように一九三二(昭和七)年生まれである。たしかに黒井は、高橋和巳と一歳違いにすぎないが、一歳違いの高橋よりも三歳年下の大江に「はるかに同時代性を感じてしまう」と黒井は書いている。一歳違いより三歳違いのほうに同時代性を感じてしまうのはなぜだろうか。この疑問は、当時の新旧の学制の移行を考える(表1-1)と、容易に解けるはずである。すでにみてきたように、黒井千次は、入学は旧制中学校ではあるが、新制高校を経ている。このあたりに、黒井が一歳違いの高橋和巳よりも、三歳違いの大江健三郎のほうに親近性を感じてしまうゆえんがあるといえる。

こうみてくると、なるほど高橋和巳は旧制高校的で、黒井千次は新制高校的かもしれない。しかし、黒井千次より一〇年あとの生まれであるわたしからみると、高橋和巳を旧制高校文化の理念型に近いものとすれば、黒井は旧制高校文化の戦後的継承者に思えてならないのである。なぜ、そのようにいうのか、これから説明していきたい。

白線地帯の自己完成

黒井千次の作家活動は、大学卒業後会社勤めをしながら、『新日本文学』などを発表誌にしてはじまるが、大学四年生(一九五四年)のときのエッセイに「敗戦を十代始めで迎えた僕らについて」(『仮構と日常』)がある。

そこでは、旧制高校の寮生活を中心とした自己完成の追求がとりあげられ、新制高校世代としてそれを羨望《せんぼう》しながらも、生活を捨象した「白線地帯」の自己完成という歪《ゆが》んだものである、とされている。ここで「白線」という言葉が使われているのは、旧制高校の制帽には白線が入っており、旧制高校生のことを白線といったからである。「白線地帯」は旧制高校の閉じられたキャンパス空間のことを指している。新しい世代は、そうした閉じられた世界での自己完成の追求ではなく、歴史的な戦いのなかで自己、実践、学問を三位一体とする自己形成への粘り強い努力をすべきである、と決意表明している。戦前の旧制高校的教養主義をマルクス主義の影響のもとに継承していこうとする姿勢がみえる。

　黒井は、旧制高校的キャンパス文化について「不完全な誤ったものであったにしてもカナメを持っていた。旧制高校出のインテリは実践の要素を欠きつつも、学問と自己とは一応統一されていたのである」（傍点竹内）と総括している。これは、黒井の想定する旧制高校像が、マルクス主義に対する弾圧の強度が増し、やがてマルクス主義が壊滅した一九三〇年代半ば以後の時代の旧制高校生に準拠している（実践を欠いた学問）ことによるのではないだろうか。

　ここでことわっておきたいのは、公表されているとはいえ黒井が二〇歳そこそこの大学生のときに書いたエッセイを、ただあげつらうためにとりあげているわけではないことである。旧制高校的教養主義とは何であったかを考えるために、黒井のエッセイがとっかかりとしてふさわしいからである。

　いま、黒井の旧制高校像がある特定の時代に準拠していると述べたが、それは、黒井が自分たち二〇代に対して三〇代を対象世代にしていることによる。当時（一九五四年）、三〇代とは、大正時代に誕生し、一九三〇年代半ば以後に旧制高校に在学した世代である。一九三〇年代半ばとは、あとに詳しく触れるように、旧制高校や旧制大学などのキャンパスにおいて左翼活動の弾圧の強度が増したときである。マルクス主義者が読書人として密かに生き延びるしかない時代だった。一九三一（昭和六）年、第一高等学校入学、三四年、東京帝国大学法学部入学の丸山眞男は、学生運動が終息し、マルクス主義者が読書人化するちょうど変わり目の世代である。

やがて戦時体制となり、読書人的マルクス主義さえ不可能になる。知的青年が人格主義的教養主義に回帰するか、日本浪曼派にコミットメントするかの時代となった。一九三九（昭和一四）年、第一高等学校入学の橋川文三《はしかわぶんぞう》（一九二二―八三）は、この時期の旧制高校世代である。同じ政治学者でありながら、丸山眞男と橋川文三の著作には、学者的学者（丸山）と文士的学者ないしは学者的文士（橋川）という作風の大きな相違がみられるが、それは二人の生得的な資質の違いだけによるのではない。講座派マルクス主義の影響のもとに旧制高校時代をおくったか、講座派の影響力がなくなり、ロマン的教養主義ないしは教養主義的ロマン主義の時代に旧制高校時代をおくったかの差異によるところが大きい。

さて、さきのエッセイで黒井が、マルクス主義が壊滅状態になった世代に準拠しているといったが、他方で、マルクス主義の影響からもっとも遠い竹山道雄（一高教授、一九〇三―八四）の論説を旧制高校文化の理念型として引用していることも、いっておかねばならない。

黒井のいう「白線地帯」の青春は、時代的にも限定された旧制高校的教養主義の描出であることは否めない。

大正教養主義

旧制高校的教養主義はマルクス主義や実践と無縁でなかったどころか、しばしば双生児だったのである。このことを説明するためには、旧制高校の教養主義の誕生とマルクス主義の関係に立ち入って説明しておく必要がある。

旧制高校のキャンパス文化が「酔っては枕《まくら》す美人の膝《ひざ》、醒《さ》めては握る天下の権」という東洋豪傑風の中で、内省的教養主義の芽をもつようになったのは、一九世紀末から二〇世紀はじめである。このころ旧制高校教師も古武士タイプの教師から、土井晩翠《ばんすい》（一八七一―一九五二）や高山樗牛《ちょぎゅう》（一八七一―一九〇二）、西田幾多郎（一八七〇―一九四五）、厨川白村《くりやがわはくそん》（一八八〇―一九二三）、桑木厳翼《げんよく》（一八七四―一九四六）などに代表される新しいタイプの教師に替わった。第五高等学校教授（一八九六―一九〇三年）だった夏目漱石もこの新しい教師群のひとりだった。明治四〇年代になるとこの傾向は顕著になる。第一高等学校の校長に新渡《にと》戸《べ》稲造《いなぞう》（一八六二―一九三三）が赴任することによって、旧制高校における教養文化は輪郭をもつようになった。

ここで教養主義というのは哲学・歴史・文学など人文学の読書を中心にした人格の完成を目指す態度である。東京帝大講師ラファエル・ケーベル（Raphael Koeber 一八四八―一九二三）の影響を受けた漱石門下の阿部次郎（一八八三―一九五九）や和辻哲郎《わつじてつろう》（一八八九―一九六〇）などが教養主義文化の伝達者となった。『三太郎の日記』や『善の研究』が刊行されることによって、旧制高等学校を主な舞台に、教養主義は大正教養主義として定着する。

新人会と森戸事件

しかし教養主義は漸進的展開《インクレメンタリズム》をしたわけではない。マルクス主義がしだいに勢いをつけてくる。

ロシア革命と米騒動の衝撃によって、一九一八（大正七）年末に東京帝国大学に新人会ができた。新人会は東京帝国大学法学部学生有志を中心に「人類解放」と「現代日本の合理的改造運動」を綱領にして結成された研究・運動団体である。そしてその一年後、森戸《もりと》事件がおきた。一九一九（大正八）年末に、東京帝大経済学部助教授森戸辰男《たつお》（一八八八―一九八四）が『経済学研究』第一巻一号に「クロポトキンの社会思想の研究」を発表した。当局は「朝憲を紊乱《びんらん》」「国体に反する」（新聞紙法四二条）とし、この雑誌を回収、執筆者森戸辰男を禁錮三ヵ月・罰金七〇円の刑に処した。森戸は翌年一月休職になり、復職はかなわなかった。

最初の赤化帝大教授処分である。事件は帝国大学教授の「赤化」として当時の新聞や雑誌に大きく報道された。しかし、そう報道されればされるほどクロポトキンの原書の注文が増え、マルクス主義はひろがりはじめる。

帝大生が社会主義運動をはじめたこと、帝国大学助教授が社会主義についての論文を書いたことは社会主義の威信を一挙に高めることになった。新人会会員でもあった菊川忠雄《きくかわただお》（一九〇一―五四）は、森戸事件と第一次共産党事件（一九二三年）による早稲田大学講師佐野学《まなぶ》（一八九二―一九五三）、猪俣津南雄《つなお》（一八八九―一九四二）、出井盛之の研究室捜査がむしろ日本の社会主義運動を前進させることになったとして、つぎのように書いている。

「嘗《かつ》て、森戸事件は、支配階級が大学教授の赤化を防止するため試みたお灸《きゅう》であったが、一面に於《お》ては、従来ゴロツキ仲間の思想の如《ごと》く見られてゐた社会主義思想が大学教授達の間に食ひ入つたことによつて、社会主義は著しく男前を上げた」（『学生社会運動史』）

社会主義は壮士あがりのならず者やごろつき集団まがいの矯激な運動あるいは在野知識人の運動ではなく、知的青年の社会思想や社会運動に格上げされたのである。ここらあたり「野卑」で「淫猥《いんわい》」とまでされた小説に、東京帝国大学講師だった夏目漱石が手を染め、また専業小説家となることによって、小説が知識人の嗜《たしな》みに格上げされていった過程と似ている。

新人会の運動とオルグによって、陸続と高校や大学に社会思想研究会ができる。作家の林房雄《ふさお》（一九〇三—七五）は一九一九（大正八）年に第五高等学校（熊本）に入学したが、翌二〇年、新人会の宣伝隊が九州遊説にきた。五高と七高（鹿児島）に芽生えかけた学生社会主義団体が一高、二高（仙台）、三高、四高（金沢）、八高（名古屋）の運動と結びつけられた。林は、秘密結社H・S・L（高等学校連盟）に参加した（『文学的回想』）。一九二二（大正一一）年一一月七日、ロシア革命五周年記念日に、新人会をはじめとして、いま述べたうちのいくつかの学生団体を含む、大学・高校・専門学校の社会科学研究会の全国的組織である学生連合会も発足する。学生連合会は東京帝大学生第二控所で、H・S・Lは、一高柔道場で開催された。二年後に、この二つの組織が合流して学生社会科学連合会となる。一九二七（昭和二）年には女子学生による社会科学研究の横断的組織である女子学連も結成される。知的青年の文化が阿部次郎的つまり大正教養主義からマルクス主義へと変化しはじめたのである。

教養の不評判

『三太郎の日記』の著者阿部次郎は、このころのことについて「文化の中心問題としての教養」（一九三三年）の中でつぎのようにいう。文中の「十年以前の昔」は、関東大震災（一九二三年）のころ、「某出版者」は岩波茂雄《いわなみしげお》（一八八一―一九四六）、「若い店員」は岩波書店の小林勇《こばやしいさむ》（一九〇三―八一）として読む（上山春平「阿部次郎の思想的位置―大正教養主義の検討」『思想』一九六〇年三月号）ことで、当時の状況がわかりやすくなる。

「それは十年以前の昔である。知人の某出版者が或叢書を出版せむとしたとき彼はこれに教養叢書と命名しようとした。併し彼の店の花形であった若い店員はこの命名に反対した。《教養》といふ言葉は既に黴《かび》臭くなつて今日の人心を牽引《けんいん》する力がないといふのである。――私と同じ時代の空気の中に育つたその店主は、我々が重んじて真面目《まじめ》に考へて来た『教養』がそれほど軽視されるやうになつてゐることを発見して、驚き笑ひながらこのことを私に話した。その後更に十年を経過したが、『教養』の不評判は益々今日の青年の間に於いて甚しくなりつゝあるらしい」（傍点竹内）

ここでいう「十年以前の昔」が関東大震災のころだとすると、阿部の人格主義は、その二年ほど前から竹内仁《たけのうちまさし》によって、激しく攻撃されていた。労働者は資本家も愛し、人格として尊重すべきという阿部の主張は、ブルジョアジーに現状維持の口実をあたえるものである、階級闘争に対する「赤十字的態度」だ（「阿部次郎氏の人格主義を難ず」『新潮』一九二二年二月号など）、と。

阿部次郎的教養主義からマルクス主義への変化を同時代の証言でみておこう。桑原武夫

マボとエガ

（元京都大学人文科学研究所所長、一九〇四―八八）は、一九一七（大正六）年に京都府立第一中学校に入学し、一九二二（大正一一）年に第三高等学校に入学しているが、『三太郎の日記』や『愛と認識との出発』などが読まれている哲学的文化的教養主義に反撥し、大正デモクラシー的なものに惹《ひ》かれていたこと、三高に社会主義者の荒畑寒村《あらはたかんそん》（一八八七―一九八一）が講演にやってきて、「人格主義などというバカげたことをほざく阿部次郎の、ツラの皮をひんむいてやりたい」という乱暴な言葉を聞いても、反感を覚えなかったと書いている（「大正五〇年」『文藝春秋』一九六二年一月号）。

大正時代の終わりには、もっとも頭のよい学生は「社会科学」つまりマルクス主義を、二番目の連中が「哲学宗教」を研究し、三番目のものが「文学」に走り、最下位に属するものが「反動学生」といわれた。昭和初期には、ジャーナリズム市場はマルクス主義者によって独占されているとか、左翼化すればするほど雑誌が売れるといわれるようになる。新聞の見出しにも「左傾」「赤化」「赤い手」「極左分子」「赤い分子」「赤色」「赤い女性」などの活字が踊った。マルクス主義本を読んで理解しない学生は「馬鹿」であり、読んで実践しない学生は「意気地なし」となる。

昭和にはいると教養主義の人気の低落はいっそう顕著になった。芥川龍之介が「ぼんやりした不安」（「或旧友へ送る手記」）を最後の言葉にしながら自殺したのが一九二七（昭和二）年七月二四日。芥川の自殺を題材に東京帝大経済学部学生宮本顕治（元日本共産党書記長、一九〇八―）が「『敗北』の文学」を書いて、『改造』の懸賞文芸評論に一等当選した（同誌、一九二九年八月号掲載）のは、こんなときである。

序章で、昔の大学生は、夏休みには故郷や山里あるいは海岸に本を携え、勉強したものであると述べたが、「『敗北』の文学」も、春休みに芥川全集を持参し、友人の田舎の空き家で書かれた。宮本を含めて三人は、知多半島を対岸にした海辺の小高い丘にある家で、自炊しながら、勉強した。この一ヵ月でほぼ書き上げた。

「『敗北』の文学」はマルクス主義の立場から、芥川の自殺をブルジョア芸術家が苦悩をぎりぎりに嚙みしめたものとして論じ、芥川の文学を「批判し切る野蛮な情熱」をもって、「その階級的土壌を我々は踏み越えて往《い》かなければならない」という一文で結ばれている。

宮本顕治の「『敗北』の文学」が発表される数ヵ月前、早稲田大学助教授で、詩人としても有名だった西條八十（一八九二―一九七〇）が、菊池寛（一八八八―一九四八）の『キング』連載小説の映画化のために、流行歌謡を書いた。「東京行進曲」（中山晋平作曲・佐藤千夜子《ちやこ》歌）である。東京のモダン風景を描き、大ヒット曲となった。第四聯はつぎのようである。

シネマ見ましょか　お茶のみましょか／いっそ小田急で　逃げましょか／変わる新宿　あの武蔵野の／月もデパートの　屋根に出る

「シネマ見ましょか……」の部分は、西條の原案では、「長い髪してマルクスボーイ　今日も抱へる『赤い恋』」だった。『赤い恋』はソビエト共産党幹部の女流作家コロンタイ（一八七二―一九五二）の小説である。翻訳されてひろく読まれていた。長髪で深刻な顔をした青年が、『赤い恋』を小脇に抱えているのを、街頭で西條がよく見かけたからである。しかし、レコード会社、ビクターの幹部は、この詩では、当時、共産党と左翼学生を警戒して取り締まっている当局を刺激することになると、頭を痛める。結局、西條に書き直しをしてもらった。書き直し後の歌詞がさきに引用したものである。

左傾学生は、「マボ」（マルクス・ボーイ）や「エガ」（エンゲルス・ガール）として、歌謡曲の詩に採り入れられるほどの社会風俗になっていた。

左傾学生

「マボ」も「エガ」も昭和になってからの用語であるが、「左傾」のほうはもっと古く、大正時代の造語である。モボ（モダンボーイ）やモガ（モダンガール）の風俗新語メーカーだった評論家新居格《にいいたる》（一八八八―一九五一）によって作られた。「左傾」は、マルクス主義などの

「左」翼思想に「傾《かぶく》」という意味で造語された。したがって左傾学生とはマルクス主義などの左翼思想にコミットメントした左翼学生のことである。

しかし、こうした左傾学生の具体像はいまとなってはつかみにくいかもしれない。そこで、旧制高等学校教授や東京帝国大学の学生主事として左傾学生と接触が多かった人の筆を借りて、左傾学生のイメージを得ておきたい。たとえば、つぎのように描出されている。

「襟のボタンをはづした学生の激越なアヂ演説、花火のやうに投上げられる色とりどりの宣伝ビラ、暴風のやうな学生大会の喊声《かんせい》、狂乱のやうなデモ行進のスクラム。初めは雑誌『社会問題研究』の愛読ぐらゐであつたものが、薄暗い下宿の二階の読書会《アール・エス》となり、真夜中のガリ版のカツト、ビラ印刷となり、そのうちオルグとか何班のキヤツプとかいふ肩書がつき、学内騒乱の一役を受持ち、更にメーデーに参加し工場に連絡するといふやうに進むのが普通個人の左傾コースであつた（中略）学生のみの、学内問題中心の運動から、次第に外部との連関を深くし、共産青年同盟、更には党の一翼の運動とも発展した」（大室貞一郎「新しき岩場—学生の過去（下）」『改造』一九四一年一月号）

旧制高等学校が培養基

「『敗北』の文学」で『改造』の文芸評論に当選した宮本顕治は松山高校生のときに、仲間

図1－1　在学生数からみた検挙率(男子)

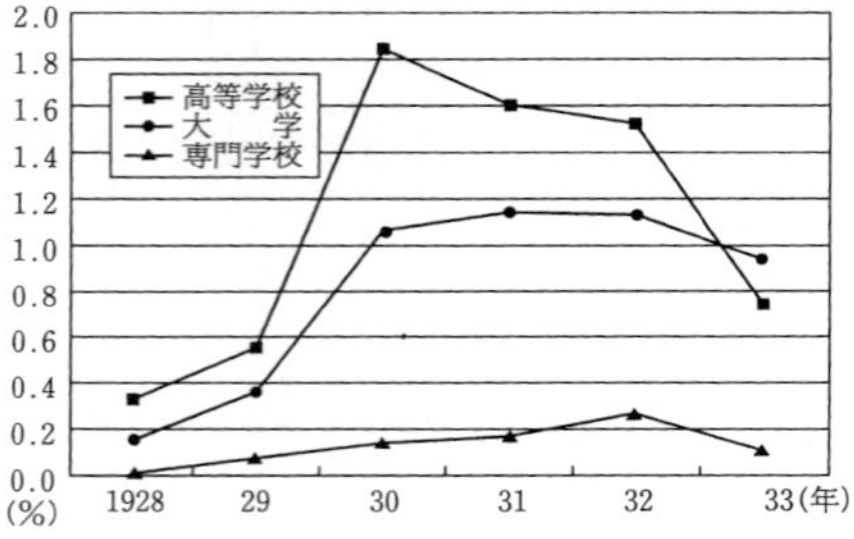

(出所) 表1－2と同

表1－2　学校類型別処分学生(男子)率(%)

学校種別	1928年	29年	30年	31年	32年	33年
帝国大学	0.3	0.2	0.3	0.4	0.9	0.7
官立大学	—	0.2	0.3	0.2	0.9	1.4
公立大学	—	0.2	0.4	1.5	0.2	2.2
私立大学	0.1	0.2	0.8	0.8	0.6	0.4
官立高校	0.8	1.0	2.6	2.6	1.3	0.9
公立高校	1.0	—	0.9	3.0	3.4	1.7
私立高校	0.1	—	0.2	—	—	0.1
官公立専門学校	0.1	0.1	0.4	0.4	0.8	0.2
私立専門学校	0.0	0.0	0.0	0.2	0.1	0.1

(出所) 文部省思想局『思想局要項』所収の統計と『文部省年報』各年版より集計計算

数人と社会科学研究会をつくり、伏字だらけのマルクス、エンゲルス、レーニンを読んだ。また無産運動に協力して活動した。こうしたことから警察の要注意人物のリストにあがっていた。宮本がそうであったように、またさきに触れた第五高等学校生の林房雄がそうであったように、旧制高等学校こそが左傾の培養基だった。

学校類型別にみた左傾学生検挙率や処分率をみると、一九二五（大正一四）年から一九三三（昭和八）年までの高等教育機関の学生・生徒の検挙者数は四一一五人。内訳は、大学五七パーセント、高等学校二九パーセント、専門学校一五パーセントである。半数以上が大学生である。しかし、大学生や専門学校生数は多く、高等学校生数は少ない。したがって学校類型別の実数にもとづく検挙者比率は、あくまで検挙学生全体に占める率（「占有率」）である。学校類型別の在学生数を分母にした検挙者「輩出率」（検挙率）を計算することにしよう。それが図1-1である。

一九三三（昭和八）年を例外としていずれの年度も高校生の検挙率がもっとも高い。専門学校生の検挙率は高等学校や大学の一〇分の一である。もっとも多くの高校生が検挙された一九三〇（昭和五）年は五三人に一人が左翼活動で検挙されたということになる。

左傾学生は司法当局から検挙されただけではない。在学する学校から退学、停学、謹慎などの処分を受けた。同じように学校類型別処分率を在校生数によって年度別に計算したものが表1-2である。一九三三年の公立大学を例外として、処分率も高等学校が高い。一九三〇―三一年の官立高校では三八人に一人の生徒が左翼活動で学校から処分を受けたことになる。検挙率や処分率で大学、専門学校に比べて高等学校が断然高かったことが統計的に確認される。では、なにゆえ高等学校が左傾思想や左傾活動の培養基になったのだろうか。

呼び水文化

専門学校や大学は、専門教育機関である。就職を控えている場所である。それに対して、高等学校は、大学までのモラトリアム期の学校だった。モラトリアム期間は、学生運動の温床になりやすい。第二次大戦後の新制大学で、学生運動が一—二年生の教養課程で活発で、専門課程に進学すると一部の学生しか関与しなくなり、鎮静化したように。

しかし、左傾活動が高等学校を中心としたものであったことをモラトリアム空間・時間のせいだけにはできない。せいぜいが必要条件である。ほかならぬ左傾活動への水路づけを説明したことにはならない。マルクス主義を呼び込む文化的条件が必要である。旧制高校のそれまでの教養主義が呼び水になったのである。

マルクス主義が知的青年を魅了したのは、明治以来、日本の知識人がドイツの学問を崇拝してきたことが背後にあった。しかしそれだけではない。マルクス主義は、ドイツの哲学とフランスの政治思想、イギリスの経済学を統合した社会科学だといわれた。合理主義と実証主義を止揚した最新科学とみなされた。したがって、マルクス主義は、教養主義にコミットメントした高校生に受容されやすかった。受容されやすかったというよりも、マルクス主義は教養主義の上級篇とみられさえしたのである。

表1－3　学生と社会人の思想左傾の原因(％)

原因	文部省統計(1931年)	1938～39年調査に依る統計	
		学生	社会人
左翼理論に関する文献の影響	36.0	23.8	14.3
プロレタリア文芸の影響	13.9	14.1	25.8
左傾せる友人の影響	12.9	12.8	17.5
社会の現状に対する疑惑	12.5	5.1	29.9
学内に於ける左傾風潮の影響	5.8	10.2	
左傾理論に関する講義の影響	4.4	8.3	5.2
学外に於ける左翼運動の影響	3.1	10.3	4.1
教育に対する不満	3.1	7.6	
左傾せる近親の影響	2.0	2.5	1.6
ファッショに対する反感		5.1	1.6
その他	3.0		

(注) 小数点2位以下は四捨五入
(出所) 社会問題資料研究会編「最近に於ける左翼学生運動」『社会問題資料叢書』第1輯、東洋文化社、1972

動機づけ

学生の左傾化の動機そのものが読書人的教養主義的である。表1－3は、一九三一(昭和六)年と三八―三九年の学生と社会人の思想左傾原因調査の一覧である。学生においては、左傾の原因は、「左翼理論に関する文献」の影響がもっとも多い。これと「プロレタリア文芸の影響」をあわせると、五〇パーセント(一九三一年)、三八パーセント(一九三八―三九年)となる。「社会の現状に対する疑惑」が原因である者は、社会人には多い(三〇パーセント)が、学生は少ない(三一年、一三パーセント、三八―三九年、五パーセント)。

また、一九三〇年二月から三二年一〇月までに治安維持法違反で検挙された学生・生徒二五五人についての「学生・生徒左傾経路類型」調査（文部省教学局『教育に関する学生の思想調査』一九三四年）でも、もっとも多いのは、「純然たる知識欲に出発する者」四〇パーセントである。「政治的動機に出発する者」二六パーセントを大きく上回っている。以下、「確乎《かっこ》たる世界観・人生観を求むる者」一七パーセント、「充分の考へなき者」（英雄主義、反抗心、虚栄心など）一七パーセントである。

読書会（R・S）が左傾活動に不可欠だったように、学生の左傾への動機づけは読書人的教養主義的だったから、検挙されたり処分されたりしたあとの反省も読書人的教養主義的側面に焦点があわされる。「悔悟」（転向）には「社会を簡単に考へすぎて居た」「機械的な思考だつた」「世間知らずの公式主義的だつた」「抽象的に考へて現実から眼を離してゐた」「観念的だつた」、とある。

教養主義の根っこにある人格主義も左傾化と連続している。左傾化した学生が嫌い、対抗同一化の対象にした学生は、酒を呑《の》んだり、遊んだりするだけの享楽型である。あるいは、授業を機械的に暗記して成績をよくし、よい就職をしたいという体制同調型や実利型の学生である。左傾学生はマルクス主義に「個性の発展」と「人間的成長」の路《みち》を見出したのだから、マルクス主義は倫理的ストイシズムであり、教養主義の核をなしている人格主義と連続していた。したがって教養主義の内面化の強いものほど左傾化しやすかったのである。

象徴的暴力空間

教養主義からマルクス主義の思潮への変化にとって、もうひとつ忘れてはならない重要なことがある。知的青年が教養主義からマルクス主義に移行することによって、教養主義空間の中で、象徴的上昇感を得ることができたということである。そのようにいうのは、教養主義空間が、未達成感や劣位感をもたらす象徴的暴力の空間でもあったということによる。

教養主義が象徴的暴力の空間だったということについては、説明の必要があるだろう。『三太郎の日記』にはこう書かれてある。

「独創を誇るは多くの場合に於いて最も悪き意味に於ける無学者の一人よがりである。古人及び今人の思想と生活とに対して広き知識と深き理解と公平なる同情とを有する者は、到る処に自己に類似して而《しか》も自己を凌駕《りょうが》する思想と生活とに逢着《ほうちゃく》するが故に、廉価なる独創の誇を振翳《ふりかざ》さない。古人及び今人に美しき先蹤《せんしょう》あるを知らずして、古き思想を新しき独創として誇説する無学者の姿程醜くも惨《いたま》しくも滑稽《こっけい》なるものは少ない。（中略）独創を急ぐは発表にのみ生きる者の卑しさである。（中略）余は先人及び今人と一致することを恥ぢずして寧《むし》ろ内的必然を離れたる珍説を恥とする」（傍点竹内）

程度の低い「独創」に走るのは卑しいことであり、古人や今人のすぐれた思想や生活に接することのほうがよほど大切であるとされている。そうではあろうが、そうした教養主義的志向こそが裏口から象徴的暴力装置を招き入れるのである。このことは阿部次郎とならんで教養主義のイデオローグだった和辻哲郎の対話体のエッセイ（一九一六年）をみると、いっそう明瞭になる。そこには、小さな創作に精出し、能動的なかかわりをしないと寂しくてならないという青年が登場する。この青年への諫《いさ》めとお説教、つまり和辻哲郎の教養観がつぎのように披瀝《ひれき》されている。

「君は自己を培《つちか》って行く道を知らないのだ。大きい創作を残すためには自己を大きく育てなくてはならない。（中略）君が能動的《アクティヴ》と名づけた小さい誇りを捨てたまえ。（中略）常に大きいものを見ていたまえ。（中略）世界には百度読み返しても読み足りないほどの傑作がある。そういう物の前にひざまづくことを覚えたまえ。ばかばかしい公衆を相手にして少しぐらい手ごたえがあったからといってそれが何だ。君もいっしょにばかになるばかりじゃないか」（「教養」）

「能動的な」若者は、最後に、この言葉を受け止め、「人類の文化の重みがだんだん感じられて来たようだ」という言葉で結ばれている。

ここにみることができるように、教養主義とは、万巻の書物を前にして教養を詰め込む預金的な志向・態度である。したがって、教養主義を内面化し、継承戦略をとればとるほど、より学識をつんだ者から行使される教養は、劣位感や未達成感、つまり跪拝《きはい》をもたらす象徴的暴力として作用する。「そういう物の前にひざまづくことを覚えたまえ」なのだから。

転覆戦略

阿部や和辻のさきの言明は、教養主義のイデオローグとして保守戦略を行使しているわけだが、教養主義空間の新規参入者がこうした保守戦略にそった継承戦略をとればとるほど受動性や未達成感がしこりのようにたまっていく。「能動的」な青年の創作行為は、教養主義が生み出すしこりや罠《わな》からの脱出の所作だったのである。

マルクス主義へのコミットメントはこうした教養主義空間における罠やしこりを一挙に解除した。マルクス主義を象徴的武器に、教養主義を観想的であり、ブルジョア的であり、プロレタリア革命の敵対的分子であると決めつけ、象徴的暴力関係の逆転をもたらしてくれるものだった。マルクス主義は十分な学識という「貯金」を貯めこまずに象徴的暴力を振るえるという意味では教養主義の荒技ともいうべきものだった。

マルクス主義は教養主義を蔑《さげす》む理論的砦《とりで》ともなったから、教養主義の鬼子だった。しかしマルクス主義が読書人的教養主義的であるかぎり、教養主義空間内部での反目抗争であるから、両者は反目＝共依存関係にあった。だからこそ従来の教養は「旧《ふる》い教養」で、マルクス主義こそ「新しい教養」ともみなされたのである。

弾圧・発禁・絶版

マルクス主義の弾圧は、小林多喜二が拷問死した一九三三（昭和八）年ころから激しさが増していく。といっても三〇年代半ばあたりまでは、マルクス主義関係の書籍はまだひろく流通していた。タブーがスリルとなり、蜜の香りを運ぶ秘密の世界となり、かえって読まれたといってもよいほどである。マルクス主義は、読書人的マルクス主義として生き延びた。いやそれにとどまらず、ある程度は時局批判や文化運動さえも可能であった。左翼活動で検挙されても、共産主義思想を放棄し、運動から離脱すれば、当局から転向と認められた。偽装転向という隙間《すきま》もあった。

しかし、一九三六（昭和一一）年に思想犯保護観察法が成立し、「転向」認定の基準がきびしくなった。過去の思想を放棄したと表明しても、それだけでは転向したとは認められなくなった。根底において階級意識をもっている者は「非転向」、日常の行動や思考に階級意識や共産主義思想の残滓《ざんし》がみつかる者は「準転向」とされ、予防拘禁の対象になった。「日常生活裡《り》に臣民道を躬行《きゅうこう》し居るもの」のみが「転向」とみなされた。マルクス主義を積極的に批判し、「日本精神」を実践することが必要になったのである。マルクス主義関係の書籍の発禁や自主的絶版の時代となる。

昭和教養主義の復活

エリート学生文化からマルクス主義が強制撤去されることによって空白地ができた。この空白を埋めるかたちで、教養主義が復活する。マルクス主義がキャンパス文化で覇権をにぎっていたときに「御用学者」とみなされていた河合栄治郎（一八九一―一九四四）がこのころから「戦闘的自由主義者」として脚光をあびる。

一九三六（昭和一一）年から四一（昭和一六）年にわたって、河合栄治郎を編者として全一二巻の『学生叢書』が刊行される。前年、河合の『学生に与う』が刊行され、好評だった。出版社は柳の下の泥鰌《どじょう》をねらった。学生叢書のうち『学生と教養』は発行三年後に二四刷、『学生と生活』は発行三年半後に三三刷を数えている。『学生と読書』も発行後一年で二万九〇〇〇部にもなった。

『学生叢書』には必読文献や文章の書き方、いろいろな学校の学生がどのような本を読んでいるかなどの実態調査の情報も添えられていた。教養主義のマニュアル本といった趣があったが、そうであればこそ、読者を教養主義的ライフ・スタイルや教養書の読書に誘うことになった。『三太郎の日記』が大正教養主義のバイブルだとすれば、『学生叢書』は昭和教養主義のバイブルとなった。一九三九（昭和一四）年、元祖教養主義者のひとりである倉田百三

（一八九一―一九四三）は、マルクス主義が退潮し、学生を中心に「人生哲学的の書物」への要請がでてきた風潮を歓迎しながら、教養主義とマルクス主義のサイクルについてつぎのように書いている。

「実は大正八・九年の頃までは、日本の総合雑誌などでも、此の種のテーマは常に取り扱はれ、ジャーナル紙面を賑《にぎ》はす重要な部分であつたのだ。（中略）欧州大戦以後、大正七・八年頃より社会、経済思想の台頭となり左翼唯物論の勃興と共に、かやうな生の根本問題への問ひ、精神的価値の追求の如きものは有閑階級の弄《もてあそ》びごととして取り扱はれ、ジャーナルの表面からロック・アウトされてしまひ、それが普通の事のやうになつて今日に到つて居るのである」（「人生哲学への読書傾向について」『日本評論』一九三九年九月号）

大正教養主義はマルクス主義を呼び、マルクス主義が弾圧されると再び、昭和教養主義が息を吹き返した。もちろん河合の昭和教養主義は阿部次郎に代表される大正教養主義の単純な反復ではなかった。大正教養主義は、「普遍」（人類）と「個」（自己）があるが普遍と個を媒介する「種」（民族や国家）がなく、「社会がない」（唐木順三『現代史への試み』）ものだった。河合を代表とする昭和教養主義は、マルクス主義をかいくぐっているだけに、社会に開かれた教養主義である。人格の発展は、内面の陶冶《とうや》にとどまらず、社会のさまざまな領域の中での行為によって現わしていくものだった。河合栄治郎が哲学者ではなく、社会政策学者であり、英国のトマス・ヒル・グリーンの社会哲学や英国社会主義の研究者であったことによる。河合は人格主義と議会主義による社会民主主義を唱えた。大正教養主義が人格主義的教養主義、つまり教養的教養主義だとすれば、社会（科学）的教養主義だった。教養主義右派と教養主義左派の違いといってもよいだろう。

読者には、迂路《うろ》を辿る労をとらせてしまったかもしれないが、次章では、本章の冒頭で触れた旧制高校的教養主義をめぐる黒井千次と石原慎太郎の対比に戻り、戦後の一九五〇年代と六〇年代の学生文化としての教養主義とマルクス主義をみることにしよう。

2章　五〇年代キャンパス文化と石原慎太郎

映画『処刑の部屋』(1956年)。若尾文子(左)と川口浩。(角川大映映画提供)

前章のように教養主義の変遷をみてくると、同じ章のはじめのほうで触れた黒井千次の想定する「白線地帯の青春」は、マルクス主義の影響がなかった時期を想定していることが確認されよう。安倍能成《あべよししげ》（一八八三—一九六六）や和辻哲郎などのようなマルクス主義の影響がほとんどなかった明治時代終わりの旧制高校生世代（戦後オールド・リベラリストといわれた人々）を想定した旧制高校文化である。あるいは、マルクス主義が弾圧され、左傾活動が壊滅・解体した一九四〇年前後からの旧制高校世代に準拠している。

再言すれば、大正末期から昭和初期をみれば、旧制高校的教養主義は、マルクス主義的教養主義であり、教養主義的マルクス主義である。戦後、論壇で活躍する清水幾太郎《いくたろう》（一九〇七—八八）や丸山眞男などは、マルクス主義が弾圧されながらも、マルクス主義関係文献をひそかに読んでいた世代である。だから、戦後、旧制高校的教養主義はマルクス主義と同伴しながら復活したのである。

主体性論と人格主義

第二次世界大戦後、丸山眞男や経済史学者大塚久雄（一九〇七—九六）などは、社会変革は単に政治や経済などの制度変革にとどまらず主体性やエートスという個人にかかわる要因の変革をともなうことなしにありえないことを強調した。近代的人間の確立の強調論者は、

「正統」マルクス主義者である共産党知識人からは、実践におもむけない「小ブル・インテリ」の遁辞《とんじ》、あるいはプロレタリア運動と組織の破壊をおこなっている、と非難された。「近代主義（者）」とは、「正統」マルクス主義者からのマイナスのレッテル貼りだった。このあたりは、1章で触れた昭和初期の阿部次郎の人格主義に対する、あるいは河合栄治郎の教養主義や理想主義に対する、マルクス主義者からの批判を彷彿《ほうふつ》させるものがある。

丸山眞男に阿部や河合の教養主義の継承をみることは困難ではない。戦後まもなくおこなわれた「唯物史観と主体性」（『世界』一九四八年二月号）をめぐる座談会で、価値や理想が話題になる。価値は環境適応である、という心理学者宮城《みやぎ》音弥《おとや》（一九〇八―）の発言がなされると、丸山眞男は猛烈に反撥する。

「問題は環境への適応にあるというんですか。そうなれば、幸福以上の価値、自己の静穏な幸福を捨ててまで追求する理想というものは、どうなるんです。（中略）与えられた環境に適応して何の不足もなく、そのままで一生を終る、――そういう生活が価値のある生活だというのでしょうか」

この丸山の発言に阿部次郎の人格主義や河合栄治郎の理想主義の継承をみることは容易だろう。丸山は、主体性とは人間を人間たらしめる価値であり、自己に対する義務であり、マルクス主義はいうまでもなく、科学に解消されない内面的自我であることを克明に説明している。

近代主義者の議論の核心部分である主体性論は、大正・昭和教養主義における人格主義や理想主義を引き継いだものとみることができる。もっとも近代主義者はマルクス主義やマックス・ウェーバーなどの社会科学理論と同伴することで大正人格主義や昭和教養主義を変奏しているのではあるが、戦後思想や戦後知識人の中に旧制高校的教養主義は脈々と生きつづけたのである。

ラディカル・ノスタルジア

このようにみてくると、黒井のエッセイ、「敗戦を十代始めで迎えた僕らについて」は、旧制高校的教養主義の戦後的変革・継承というよりも大正末期から昭和初期(一〇年代はじめ)までの旧制高校的教養主義の戦後的(新制高校世代的)反復といってもよいのである。同時に、それはそのまま、敗戦後から六〇年代までのエリート学生文化の理念型の描出になっているのである。

黒井が指摘する新制高校的なものは、大学キャンパスよりも新制高校キャンパスに顕在化したのではないだろうか。いまは仮説としてのみ提示しておくにとどめたいが、他の条件が一定ならば、旧制中学校をもとに新制高校に衣替えした新制高校ではなく、高等女学校などを母体にできた男女共学の新制高等学校にこそみられた学校風土ではなかろうか。

新制大学キャンパスで旧制高校卒者と同居した新制高校世代にとっては、両者の対比を意識せざるを得ないから、新制高校的なものが意識化された。しかし、キャンパスに旧制高校卒の学生がいなくなったころから、伝統の「創造」(捏造)というラディカル・ノスタルジアを介しての甦《よみがえ》りが作動した。わたし自身、旧制高校的なるものを合わせ鏡にしながら、自己の内にある新制高校的なものを軽薄な文化とすら思ったものである。すくなくとも、「赤い太陽族」といわれた戦後の学生運動がそうであったように、新制大学においては、新制高校的なものと旧制高校的なものとの混淆《こんこう》がおこった。

五〇年代半ばのキャンパス文化

黒井が大学を卒業した年、石原慎太郎がまだ大学に在学し、「太陽の季節」を『文学界』に発表したころ(一九五五年)、京都大学教養部(一、二回生)学生の読書調査がおこなわれている(『学園新聞』一九五五年一〇月三一日)。この調査を再現することで、戦後一〇年目の大学キャンパス文化を確認したい。

教養書を平均月に何冊読むかというアンケートがなされた。教養書というような言葉がそのままアンケート調査の質問に使われること自体が教養主義の存在を直截《ちょくせつ》に示しているのだが、アンケートによると、一〇日に一冊は教養書を読んでいることがわかる。ほとんど読んでいないと答えたものは、一・八パーセントにすぎなかった。教養書の読書時間は、一日一・八時間。そして九三パーセントの学生が教養書を読む時間がもっとほしいと回答している。

最近読んだ教養書の中で感銘が深かったもののリストの第一位は、『ジャン・クリストフ』である。またつぎの書物の中で読んだものは、という問いには、『若きウェルテルの悩み』七一・六パーセント、『善の研究』二五・四パーセント（文学部では四七・一パーセント）、『経済学教科書』二二・五パーセント（経済学部では六三パーセント）。

もっともこれはあくまでアンケート調査である。本当に七一・六パーセントもの学生が『若きウェルテルの悩み』を読んでいたのか、と疑う向きもあるかもしれない。しかし、実際は読まないで、回答だけは読んだことにしている学生がたとえいたとしても、定番の書物は読んでいなければならないと思っていたからであろう。実際に読んだか読まないかは別にしても、教養書を読まなければならない、という正統文化への信仰告白はみえてくる。

一回生の政党支持は、左派社会党三五・一パーセント、右派社会党一七・二パーセント、共産党九・七パーセント、労農党〇・五パーセント。つまり、六二パーセントが革新政党支持。保守党（自由党・日本民主党）支持は五パーセントにすぎない。マルクス主義について

1950年代の京都大学における学生生活風景
（京都大学大学文書館提供）

は、積極的に支持一〇・二パーセント、消極的に支持三三・七パーセント。あわせて四三・九パーセントがマルクス主義を支持している。(積極的・消極的にマルクス主義に)反対の一〇・七パーセントを大きく上まわっている(『学園新聞』一九五五年五月二三日)。五五年ころのキャンパス文化が教養主義とマルクス主義に席捲《せっけん》されていることがわかる。

就職試験

当時の大学生の革新党支持は、京都大学に限らなかった。一九五二(昭和二七)年に、慶應義塾大学政治学会で「今回の選挙で何党に投票したか」という調査をおこなっている。二年生でみると、自由党二五パーセント、改進党六パーセント、右派社会党一九パーセント、左派社会党一六パーセント、共産党五パーセント。革新系が四〇パーセントであるときに、保守系は三一パーセントにすぎない(『三田新聞』一九五二年一〇月一〇日号)。

だから、大卒を採用する企業は、いまからみれば過剰なほど赤化学生を警戒した。一九五〇年代の入社試験問題には、「社会主義とわたしの立場」とか「イールズ声明(左傾教授学外追放に関する声明)について所見を述べよ」「吉田首相はキョウサンシュギ国に対しどんな考えをもっているか、あなたはどんな考えをもっているか」「対日講和と安全保障について論ぜよ」というような論文試験問題が出題されている。これは知識をためす試験ではない。いわんや思考力をみる試験でもない。試験という名のもとにおこなわれる思想調査である。このような就職試験がおこなわれたことは、さきに触れた当時の大学キャンパス文化からして企業が赤化学生をいかに恐れ、避けたいとおもったかの現れである。一九五五（昭和三〇）年の就職ガイドブックのなかで食料品関係の有名企業は採用方針をつぎのように書いている。「思想関係と同時に健康を重視し、入社直前にも身体検査を行なう。学問の基礎をしっかり身につけた学生が好感を持たれ、いわゆるアプレ的な性格の持主は歓迎されない。むしろ地味な感じのする学生の方がよい」（『大学篇就職準備事典　昭和三一年版』）

当時の企業が採用にあたって重視する要因についての調査も、順に、一思想、二健康、三学業成績、四人物という結果を示している（尾崎盛光『日本就職史』）。このころ「健康」が「思想」とならんで重視されているのは、大学生を含めて若者に結核が蔓延《まんえん》していたからである。

結核菌とマルクス菌

結核患者数の統計をみると、一九五〇年五三万人。五一年がピークで五九万人。五五年五二万人、五七年五二万人。ここら辺りまでは横這《よこば》いである。その後急速に減っていき、六五年三二万人、七〇年一八万人となる。五〇年代は、企業も相当数の結核患者をかかえていた。

一九五五年にある青年銀行員がいっている。「五十名の支店内に六名の長欠者がいる。要注意者はもっといる。半数以上が結核の経験者ではなかろうか」（天達忠雄ほか「銀行員」『中央公論』一九五五年六月号）、と。企業は結核に罹患《りかん》した者が入社してくることによって、さらに新患者を増やし、感染源を広げることを恐れたからこそ厳重な身体検査をした。

左翼学生忌避もこれと相似の理屈によっていた。戦後は、インフレによる労働者の生活難と経営者への不満とがあいまって労働組合の組織率が急速に進んだ。戦前もっとも組合組織率が高かった一九三一年でも七・九パーセント（推定）にすぎないが、一九四六年の組合組織率は四二パーセント、四九年には五六パーセントにも達した。労組は激しい闘争を展開した。労働組合の力が生産管理や人事にまでおよんだ企業もある。使用者団体である日経連は、「経営権の奪還」をスローガンにせざるを得なかった。企業には左派の活動家やシンパが多数いた。そんなときに、左翼学生があらたに採用され、その「伝染力」によって「（左翼）罹患率」が増大することを危惧したのである。

レントゲン検査を三回おこなった企業もあるように、思想検査も、面接で怪しいということになると、興信所を使っての調査がなされた。つぎの文章は、一九五〇年の就職ガイドブックの一節である。ある企業の人事課長が、身体検査について書いている部分の抜粋である。文中の「結核」を「赤化」ないし「左傾」、「結核罹患者」を「マルクス主義罹患者」に読みかえれば、それはそのまま赤化学生忌避の論理となる。

「企業内の結核対策としては、結核罹患者の採用を絶対に避けることが第一原則であって、これなくしては他の如何《いか》なる対策を講じても従業員の罹患率の低減は望み得ないということが定説となっている。従って他の条件が満足すべきものであっても結核が治癒していない限り、全くといわなくてもほとんど採用は望み得ないといわなければならぬ」（『就職必携』）

就職転向

一九五〇年代末になると、経済の高度成長によって労働組合は企業内化＝穏健化しはじめ、目標を勤労者の生活向上に移していく。しかし、学生文化（マルクス主義と教養主義）のほうは、大きくは変化しなかった。むしろボルテージはあがっていく。日本共産党中央部と学生党員との対立がおこる。ブント（共産主義者同盟）の結成（一九五八年一二月）に象徴されるように、全学連は共産党支配から離れ、運動を先鋭化させる。成長志向の企業文化と生活民主主義の企業組合文化は調和関係になるが、それらと急進運動化する学生文化の相違が鋏《はさみ》状に開いていく。こうして、六〇年代に、学生時代は学生運動を熱心にやりながら、就職となると大企業や公務員を望み、管理職を目指すという生き方の急転換が目立つようになる。これを人々は、「就職転向」と呼んだ。

一九六一年に、学卒社員の「就職転向」をめぐる苦悩を描いた『現代のホワイトカラー』（岸本英太郎編）が刊行される。同書に収められている京都大学経済学部の岸本英太郎（社会政策）ゼミ出身者による座談会では、つぎのような発言がなされている。

「（略）大学生活の意味を問うとすれば、やはり学生運動の意味を問わなければならないと思うのだが、現状では学生運動と企業における生活とは、完全に断絶していて、その間に発展的なつながりがなにもない。就職を転機に学生運動を笑い物にするような気分になる。〝よい会社をつくろうとか、よき経営者になろう〟とかいった抱負は、そういう自分のうしろめたさをカバーするための安易な逃げ口上じゃないか。近頃ではそういう逃げ口上で自分をつくろうことができるほど、周囲がのんびりしていないから、もっとドライに割り切って、一つは他人がなんと云おうと商品として要領よくやるという人達と、もう一つは就職をあきらめてでも学生運動をやる人達とに、分裂してしまっているのだ」

発言者たちは、大学でマルクス主義を中心とした社会科学を学び、学生運動に共感し、なんらかのかたちで活動した者たちである。そうした来歴者たちのホワイトカラーになってからの「苦悩」を共通感情として、座談会が構成されている。

こうみてくると、1章で触れた黒井のエッセイ「敗戦を十代始めで迎えた僕らについて」や、学生運動に共鳴しながらも一流企業のホワイトカラーになった主人公をとりあげ、同時に、メーデー事件で逮捕され、以後被告でありつづけた人物を影のように対比しながら描く黒井の小説『時間』が当時のキャンパス文化にそっていることが確認できるだろう。

『灰色の教室』

いまやむしろ不思議なのは、黒井が大学四年生（一九五四年）のときに書いたエッセイ（「敗戦を十代始めで迎えた僕らについて」）ではない。同じころ発表された石原慎太郎の初期作品のほうである。前章の冒頭で、（旧制高校的）教養主義をめぐって、継承・反復と反撥・侮蔑という対極の位置を示している、と述べたゆえんである。

石原の処女作である『灰色の教室』は、（弟裕次郎の出身校である）K学園を舞台に、『復刊第一号　一橋文芸』に発表された。『太陽の季節』は二作目である。「この年頃にあっては、欲望が彼等のモラルなのだ」というコクトーの言（『怖るべき子供たち』）がエピグラフとして冒頭におかれ、若者の赤裸々な欲望とエネルギーの奔流を生々しく描出している。また拳闘やヨットなどスポーツが作品の要《かなめ》を占めている。しかし、左翼文学の影響が濃厚なキャンパスでは、通俗小説として貶《おとし》められる運命にあったことは、これまでの叙述で容易に想像できるだろう。

はたせるかな『灰色の教室』は、掲載された他の小説ともども、仲間や先輩の文芸評論家瀬沼茂樹には、「社会科学性に乏しい」通俗小説として酷評される（『一橋新聞』一九五五年一月二〇日号、二月一〇日号）。石原慎太郎自身、酷評をつぎのように回想している。

「小説の方は弟の放蕩《ほうとう》の所産ともいうべき四方山《よもやま》話を基に、私たちの大学とはだいぶ違った雰囲気の慶応という学校を想定し、いろいろ印象的な挿話を綾《あや》なして、一種の青春群像を描いた。

西村（同級生―竹内註）は最初は褒《ほ》めてくれたが、その内学校内での書評会となって、当時大学の全てのメディアを独占していた左翼系の学生たちが乗り込んできて目茶苦茶に酷評したら頼りにしていた彼までが日和ってしまい、私としては憮然《ぶぜん》たるものだった。

大学新聞の論評も、雑誌そのものも我々が望んだものとはかけ離れて違うということだったし、私の小説に対してもこんなブルジョアの堕落しきった学生たちを主人公にしたような作品に誌面を与えるために伝統ある『一橋文芸』を復刊したのではない、などと、人の苦労を無視したステレオ左翼どものいい気なものでしかなかった。私の観念左翼に対する生理的嫌悪感と軽蔑は、案外あの時造成されたものかも知れない」（『弟』）

活動家の履歴

いま引用した部分の最後のところで「観念左翼」に対する嫌悪感が、この小説をめぐる酷評のときに「造成されたものかも知れない」、と石原は書いている。おそらくそうだろう。

そうだろうというのは、『灰色の教室』の発表直後、石原慎太郎は、『一橋新聞』に「人間への愛情を育てよう　一橋文芸の編集を終えて」（一九五四年一二月一〇日）や「学生文学とは何か」（一九五五年二月一〇日）を寄稿し、プロレタリア文学の残像を宿した「社会科学性」や「ユマニスム」（古典的教養にもとづくヒューマニズム）という言葉さえ使っているからである。「社会科学的ユマニスム」を提起し、「我々をそこに追いやった社会を逆に通して全ての人間に繋《つな》がる筈《はず》」としているからである。

『灰色の教室』執筆時の石原には、新しいプロレタリア文学という気負いさえあったかもしれない。プロレタリア文学の気負いはともかく、当時の石原が、戦後の大学キャンパスに甦った昭和初期のエリート学生文化の土俵に乗った発言をしていることは、いま触れたとおりである。

いやそれよりもなによりも石原も時代の子である。年譜（『石原慎太郎集　新潮日本文学62』）によれば、一九四八年、一級下の江藤淳の紹介で、湘南中学校の先輩で当時の第一高等学校教授江口朴郎《えぐちぼくろう》（歴史学者、一九一一―八九）のもとに唯物史観などについて聞きにいっている。民学同（民主主義学生同盟）に入り、校内に社会研究部をつくったりしていたのである。左翼に対する嫌悪感の直接的契機が『灰色の教室』への酷評にあったことは事実としても、高校時代から左翼活動に関心をもっていたのだから、反動形成はこのとき突然生じただけではなかったのではなかろうか。

海とヴァイタリズム

そのようにいうのは、石原は、高校二年生（一九四九年）のときに胃腸病の回復不十分という理由で一年間休学しているからである。この年齢特有の煩悶《はんもん》にはじまり、さまざまな事情が介在していたとはいえ、政治活動や政治思想への疑問もすくなくとも遠因のひとつだったかもしれない。遠因ではなくとも、休学中の煩悶や別世界の見聞のなかで、左翼学生思想や左翼運動への疑問も生まれたはずである。知的青年の教養主義についても疑問が生まれたはずである。休学のころのことについて石原は、後年つぎのように語っている。

「その間に絵かきとか歌手とかやくざものとか、実にいろいろな人に会ったな。みんなどいつもひどく自由で、それぞれ自分の才能を自分で見つけてそれで生きてるように見えた。あの一年間で、僕は、あてがいぶちの教育とか教養にそっぽを向くことを覚えた」（傍点竹内、「座談会　われらの戦後二十年」『文藝』一九六五年八月号）

同時に、自分とはまったくちがった弟裕次郎の放蕩生活にもあらためて興味を覚えたはずである。左翼インテリ学生とは無縁な弟たちの無軌道と奔放さが肉体的反抗として新鮮に映ったかもしれない。その結実が『灰色の教室』である。こんなふうにわたしにはみえてくる。左翼活動への懐疑が生命主義的なものへの憧憬《しょうけい》に回帰するという「転向」の軌跡自体は珍しいものではない。作家田村泰次郎《たいじろう》（一九一一―八三）の例をみてみよう。

田村泰次郎は、戦前、左翼運動のシンパとして活動しながら、挫折する。庶民の生命力に開眼し、小説『大学』を書き、戦後、『肉体の門』などの作品を生んだ。小説『大学』は、昭和初期の学校騒動や左傾活動で激しく揺れる早稲田大学キャンパスが舞台である。田村泰次郎とおぼしき主人公佐田信吾は、はじめは、左傾活動学生に共感し、ともに活動するが、しだいに違和感を抱く。そして煩悶の末、房総に旅立つ。そこで、漁師たちの生命力に目を開かれる。石原の初期作品のブルジョアの子女のヴァイタリズムと田村の描く漁師たちのヴァイタリズムは、相似形にある。ヴァイタリズムの舞台を「海」とするということで共通項をさえもっている。

しかし、さきに触れたように、石原は作品発表後に、「社会科学的ユマニスム」を提起し、「我々をそこに追いやった社会を逆に通して全ての人間に繋がる筈」と書いているのだから、『灰色の教室』は、転向小説の芽と同時に新しいプロレタリア小説の芽もそなえていたとみるべきだろう。ところが作品が発表されると、当時の左翼文学に染まった仲間からの悪評がかえってくる。石原の反撥は、新しいプロレタリア小説の芽を殺《そ》ぎ、転向小説というより反左翼小説・反教養主義小説にむかわせる芽を急速に育てた。このようにわたしはおもう。

教養は失格している

このあと石原は、旧制高校的教養主義や左翼知識人への違和感を鮮明にした作品を発表する。たしかに、初期の作品と同じように若者の欲望とエネルギーの描出やスポーツが小説の筋立てになっている。しかし、それにとどまらない。「教養」や「知識人」に対するこだわりと悪意が作品のバネになっている。

たとえば、はじめての長編小説である『亀裂』（一九五六―五七年『文学界』）がそれである。大学院生である明は、小説を書きながら、クラブに出入りし、ボクサーくずれとつきあっている。高村教授、T教授、植原教授など当時論壇で活躍する一橋大学教授とおぼしき人物たちが多数登場する。明は植原教授（歴史学者の上原専禄《うえはらせんろく》〔一八九九―一九七五〕がモデルであろう）を除いてこれらの教授をディレッタントの茶番と憎悪する。「教養というものは現代じゃ失格しているのだ」「俺はインテリは嫌いだ。奴らは豚だ」と叫ぶ。

高島善哉《たかしまぜんや》（一九〇四―九〇）教授と読める、あるマルクス主義教授については、つぎのように罵倒している。

「大学院の玄関で高村教授にすれ違った。眼疾で殆ど盲に近い教授は挨拶する明に気づかなかつた。（中略）学部のひと頃、明は彼の講義に痛く感動したことがある。今から思えば講義の内容と言うよりは教授の演技にであつたかも知れない。社会科学者にとつての現代的社会的関心を説きながら、青白く半盲の教授は絶叫に近い声を上げた。（中略）がその講義も結局は、所謂《いわゆる》危機意識過剰の抽象的な方法論の展開でしかなかつた。現状分析を伴わぬ彼の理論の抽象性に明はやがてある危うさを感じだした。（中略）貧弱な肉体で黒い眼鏡の下の青白い頬に奇妙なひきつりを浮べ杖《つえ》を頼りに帰つて行く彼の後姿を見て明はふと、日本と言う厖大で複雑な現状を背負つた社会科学と言う『学問』の絶望的な姿を見せつけられたような気がしてならない」

ロシア型とアメリカ型

『処刑の部屋』（一九五六年）でも主人公の大学生克己は思想研究会の吉村を憎悪する。吉村に代表される教養知識人やその予備軍について、つぎのように罵倒する。

「厭《いや》な奴、厭な奴。小賢《こざか》しい奴。こ奴には張って行く肉体《からだ》がない。頭でっかちの、裸にすれば瘠《や》せっぽちのインテリ野郎。こ奴等は何も持ってやしない。何も出来やしない。喋《しゃべ》るだけ、喋くって喋くって何も出て来ない言葉の紙屑《かみくず》だけだ。俺を見て、大学まで行ってと奴等は言うが、俺も大学まで行ってこ奴等みたいになりたかない」

克己は、吉村が恋慕している思想研究会の顕子に睡眠薬を飲ませて強姦さえする。

こうみてくると、黒井千次は新制高校的ではなく、新制高校的なのは石原慎太郎である、というさきのわたしの言明を理解していただけるのではなかろうか。石原の初期作品は、新制大学キャンパスを支配した旧制高校的なるものへの違和感である。だから旧制高校的なものを濃厚に体現した高橋和巳は黒井の初期作品に共感するところはあっても、石原の作品には呆然《ぼうぜん》とするだけだっただろう。

石原慎太郎が『太陽の季節』で文学界新人賞を受賞したとき（一九五五年）に、高橋和巳も投稿している。高橋のほうは、第一次銓衡《せんこう》にも入らなかった。高橋和巳は、文学界新人賞の『太陽の季節』を読んで、呆然とした日のことをつぎのように書いている。埴谷雄高《はにやゆたか》（一九〇九―九七）の『死霊』の三輪与志のような陰鬱な青年が散策している道を新時代の青年が単車で轟音とともに駆けすぎたように感じた（「投稿について」）、と。

石原が一橋大学という旧制高校・帝大的な文化とは異なったところで学生生活をおくったこと、身近に、左翼インテリ風な学生文化つまり「ロシア型」学生文化とはちがったジャズとダンスとヨットに興じる「アメリカ型」学生文化（裕次郎）をみることによって彼の作風が練りあげられたのだろう。当時をふりかえって、石原はつぎのように語っている。

「僕は寮にいてバンカラ生活をしていた。寮は貧しい学生の集まりでね。みんなが故郷から送ってもらったもので雑炊作ったりしたわけだ。ところが、湘南に帰ると全然違う風俗がある。湘南の消費社会の新しい風俗が鮮烈に見えた」（「もはや戦後ではない③」『読売新聞』二〇〇〇年九月二九日）

寮の生活は「ロシア型」学生文化であり、「湘南の消費社会の新しい風俗」は「アメリカ型」学生文化である。

教養主義への反乱

芥川賞を受賞、石原慎太郎は映画監督をこなし、大江健三郎などと「若い日本の会」を結成し、一九六〇年には演劇にも進出する。八面六臂《はちめんろっぴ》の活躍をしていた。このころ、三島由紀夫は、石原作品の解説（『新鋭文学叢書8　石原慎太郎集』）を書いている。三島は、「石原氏はすべて知的なものに対する侮蔑の時代を開いた」、と書きはじめている。といっても戦前の軍部独裁時代のように、知的ならざる勢力が、知的なものを侮蔑しているのではない、「知性の内乱」ともいうべきものである、と。

黒井は、大学卒業後、一九五〇年代に大学キャンパスで過ごした者を主人公にしながら高度成長下の企業や家庭を逆照する作品を描きつづけている。それだけに黒井の作品では、五〇年代のキャンパス文化（マルクス主義的教養主義、教養主義的マルクス主義）が相対化されることなく自明化されている（『五月巡歴』『羽根と翼』など）。石原慎太郎の「知的なものに対する」、「胸のすくような徹底した侮蔑」「生理的嫌悪」にこそ、近代日本の教養主義とはなんであったかを考えるための大いなる手がかりがあるとおもわれる。

三島由紀夫は、さきの言明にこう続けている。「それは知性の内乱ともいふべきもので、文学上の自殺行為だが、これは文学が蘇《よみがえ》るために、一度は経なければならない内乱であつて、不幸にして日本の近代文学は、かうした内乱の経験を持たなかつた」、と。ここでいう文学を教養と読みかえることもできるだろう。石原の侮蔑は、知識人や教養人士のあれこれの言説ではない。「頭でっかちの、裸にすれば痩せっぽちのインテリ野郎」という罵詈《ばり》雑言《ぞうごん》がそうであるように、言説の背後にある教養知識人のハビトゥスへの違和感と憎悪である。どのような本を読んだかが、教養主義の表層であるとすれば、教養主義者のハビトゥスは、教養主義の基層であり深層である。

ハビトゥス

ここでいうハビトゥスは、態度や姿勢を意味するアリストテレスの概念「ヘクシス」（hexis）をスコラ哲学者がラテン語に翻訳したものである。マルセル・モースやエミール・デュルケームなどによって、社会的に形成された習慣の意味ですでに使われていたが、社会学者ピエール・ブルデューによって、主観主義（主体の哲学）と客観主義（構造主義）を統合した社会分析（ポスト構造主義）のための方法概念として洗練された。ブルデューはハビトゥスについてつぎのように定義している。

「生存のための諸条件のうちで或る特殊な集合《クラス》に結びついた様々な条件づけがハビトゥスを生産する。ハビトゥスとは、持続性をもち移調が可能な心的諸傾向のシステムであり、構造化する構造（structures structurantes）として、つまり実践と表象の産出・組織の原理として機能する素性をもった構造化された構造（structures structurées）である」（傍点竹内、『実践感覚』1）

図2－1　最小限のブルデューのモデル

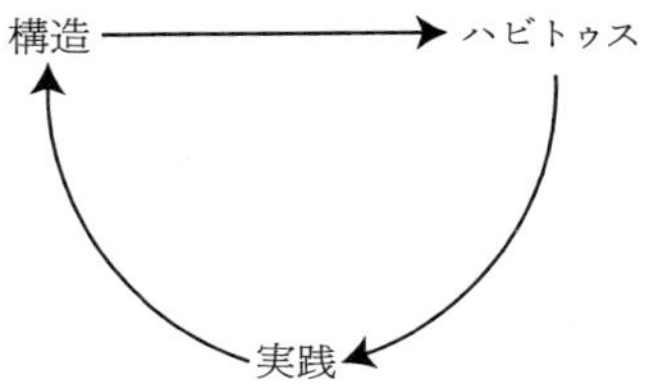

（出所）Harker, R.,"On Reproduction, Habitus and Education", *British Journal of Sociology of Education*, 5(2), 1984

ハビトゥスとは、個々の行為や言説を生成し、組織する心的システムを指示している。社会的出自や教育などの客観的構造に規定された（構造化された構造）実践感覚であり、実践をみちびく（構造化する構造）持続する性向の体系である。したがって、ハビトゥス概念に着目することにより、構造と実践のそれぞれについて生成的視点からみることができるようになる（図2－1）。

これまでのハビトゥスについての説明が抽象的すぎる

なら、つぎのように理解してもよい。われわれが、あの人は品があるとか、田舎者だとかいうときには、個々の行為のあれこれをいっているわけではない。行為を生成し、組織する原則（「実践と表象の産出・組織の原理」）を指示して言及している。つまりこうした心的習性（「持続性をもち移調が可能な心的諸傾向のシステム」）がハビトゥスである。ハビトゥスは出身階級や出身地あるいは学歴などの過去の体験によって身体化された生の形式である。現在の中にあって、未来にも生きつづけようとする過去という意味で身体化された歴史である。われわれが場違いや場にぴったりという感じをもったり、気が合わないとか気が合うとかいうのは、場と個人あるいは個人と個人のハビトゥスの疎隔や親和である。次章では、石原慎太郎の、教養や知識人への違和感と嫌悪を発見的《ヒューリスティック》な手引きとして、教養主義という実践をささえたハビトゥスと身体を探ることにしよう。

3章　帝大文学士とノルマリアン

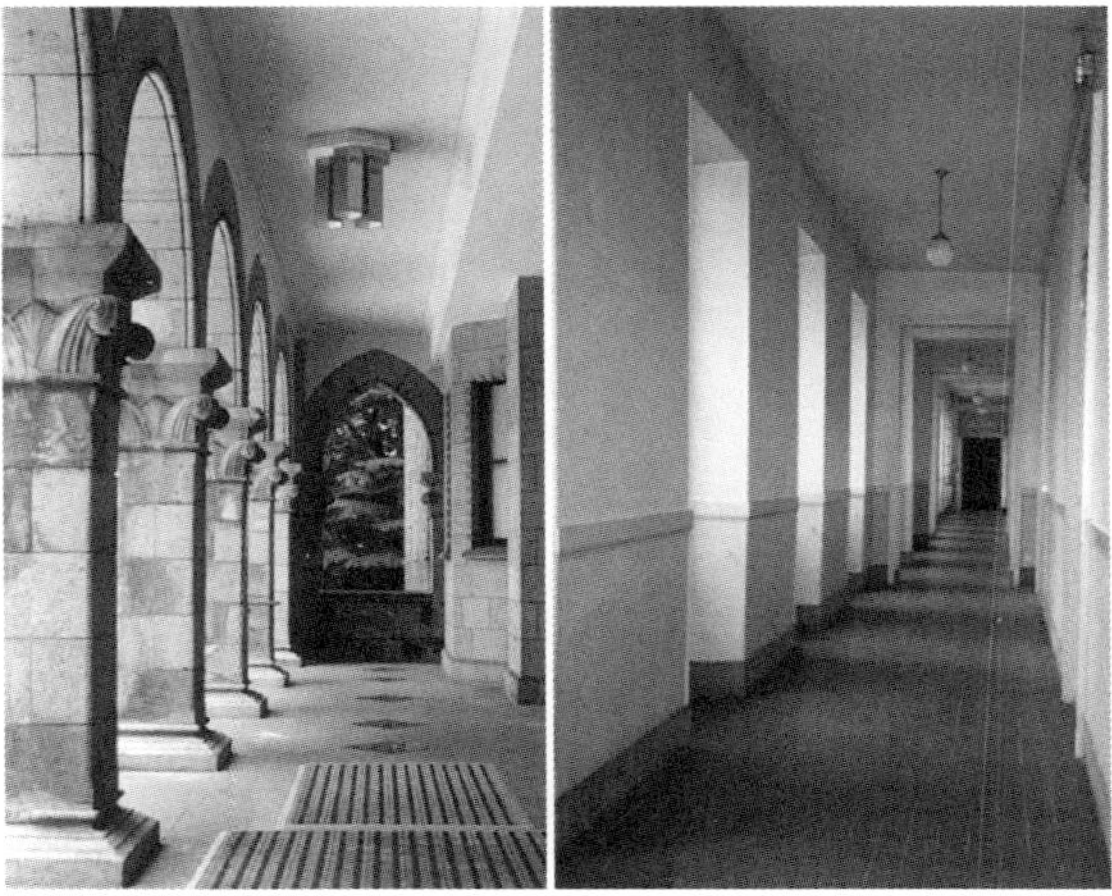

東京大学図書館玄関前（左）とエコール・ノルマル・シューペリウール・ユルム校2階の廊下

読書と思索の奥の院

本章は、教養主義の奥の院に学ぶ帝大文学部生に焦点をあわせることで、教養主義の担い手の身体やハビトゥスを明らかにしたい。そのことによって前章の最後にみた石原慎太郎の教養知識人に対する違和感や嫌悪という感情のありかを探ることにする。

いま帝大文学部を教養主義の奥の院といった。それはなぜか。教養主義とは、歴史、哲学、文学などの人文系の書籍の読書を中心とした人格主義である。そのような教養主義が旧制高校を中心に展開されたことは1章でみたとおりである。旧制高校は教養主義の本堂だった。しかし、教養主義にも奥の院がある。史・哲・文（歴史・哲学・文学）から構成される（帝大）文学部こそ、教養の奥義である古典・正典を定義し、解釈し、伝達する、聖なる、正統なる学部だった。教養主義の本堂を旧制高校とすれば、帝大文学部は、その奥の院ともいうべき場だったのである。

一九七七（昭和五二）年に、旧制高校卒業生（大正一五年と昭和一六年のそれぞれ前後一、二年の卒業者）調査がおこなわれている（冨永祐一「OBの体験からみた旧制高等学校」『国立教育研究所紀要』第九五集、一九七八年）。その中に「あなたは入学前、高校生活に対して、どんな期待やあこがれをいだいていましたか」（期待）と「あなたが入学前に期待していたと否とにかかわらず、在学中に得ることができてよかったと思われること」（現実）という質問項目がある。そのうち「読書と思索」について、進学した大学学部別にみると、高校入学前の「期待」で、のちの文学部進学者がもっとも高く、三九パーセント。つづいて法学部（二七パーセント）、経済学部進学者（二四パーセント）である。高校入学後の「現実」でも文学部進学者がもっとも高く、五〇パーセント。つづいて法学部（三八パーセント）、経済学部進学者（二三パーセント）である。

心ならず派

したがって、旧制高校で教養主義に深く傾倒したものほど、法学部や工学部などに進学しないで、文学部に進学した。本来なら文学部に進学したいのだけれど、就職のことを考え、「パンのため」にやむを得ず法学部や経済学部、あるいは工学部や医学部などに進学した「心ならず派」も少なくなかった。

そんな文科大学（文学部）志望者の揺れる進路選択は、久米正雄《くめまさお》（一八九一―一九五二）の短編小説「万年大学生」にもでてくる。主人公の久野は、一九一三（大正二）年に高等学校を卒業している。

「その頃（高校卒業のころ―竹内註）は誰しもがさう云ふ岐路に立つてゐた。かく云ふ私なぞまでも、文学者や創作家として立たうとするには、前途に多大の困難があるを案じて、余程京都の法科へ移つた方が、策の得たるものかも知れないと考へた。その時分は高等学校の純文科即ち一部乙の卒業生は、東京の法科へは入れなかつたが京都なら自由に入学を許した。で、高等学校を出た仲間でも、もと〱法科志望なのが、人員過多で文科へ廻されてゐた連中初め、もとから純粋に文科志望の者でも、悧巧《りこう》な人々は相次いで京都へ去つた。私たちの組でも、一年から首席を続けて来て、自他共に英文学の秀才を以て目してゐた須藤君まで、文学に見切りをつけて京都へ行くと聞いた時は、私たちもひそかに考へ直した。（中略）そしてまかり間違つて、田舎の中学教師で朽ち果てようとも、初一念を貫徹して、やれる所までやつて見ようと、辛うじて決心を固め直したのだつた」

文学部生のシェア

しかし、文学部生の学生数全体に占める割合はそれほど多くはなかった。戦前の帝国大学で文学部があったのは、東京帝大と京都帝大だけである。東北帝大と九州帝大においては法文学部として存在しただけである。しかも、学生数全体に占める文学部生の割合も少なかった。東大の場合は、一九一八（大正七）年までの文科大学卒業生数二〇六一人。法科大学卒業生（七五五七人）の三分の一にも満たない。東大全体（二万九二〇〇人）の一一パーセント弱である。同じことは京大についてもいえる。文学部生の割合は京大卒業生の八パーセント弱にすぎなかった。

私立では、文学部は、早くから東京専門学校（早稲田大学）、哲学館（東洋大学）、國學院などにあったが、一般に私立では法、商、政治、経済などの社会科学系が圧倒した。文学部系学生の割合は少なかった。一九一八（大正七）年の私立専門学校在学生の専攻割合は、六三パーセントが法律・政治・経済などの社会科学系である。文学系の在学生は八パーセントにすぎなかった。

戦後、新制国立大学の創設や私立大学の創設、新設学部の設置があいついだ。とくに一九六〇—七五年の高等教育の拡大は目覚ましかった。このころもっとも設置数が多かったのは文学部である。それは、女子の高等教育進学率の増大による受け皿になったことや文学部の設置基準が他の学部に比して緩い基準だったことによる。しかし、文学部の設置は、新設大学や単科大学、女子大学に多かった。小規模大学に新設されることが多かったのである。だから、大学生全体に占める文学部生のシェアはそれほど伸びたわけではない。一九六五年でみると、四年制大学生数全体（約九〇万人）の一〇パーセント程度のものだった。しかし、学生数全体に占める割合がそれほど大きくなくても、いや大きくなかったからこそ、文学部はアカデミズムや教養主義の奥の院だった。

小川三四郎

それでは文学部生とはどのような学生だったのだろうか。その手がかりとして、夏目漱石の『三四郎』の主人公小川三四郎を選ぼう。三四郎は、文学部の学生だからだ。

もっとも、当時は文学部という名称はまだなく、文科大学という名称だった。帝国大学が学部制になるのは一九一九（大正八）年である。それまで法科大学や農科大学といわれていたものが、それぞれ、法学部や農学部になった。文科大学も文学部になった。

小説『三四郎』は、一九〇八（明治四一）年九月一日から同年一二月二九日まで、東西（東京と大阪）の『朝日新聞』に連載された。作中に「ハムレット」などの文芸協会の演芸会の場面があるが、それは一九〇七（明治四〇）年一一月二二日から四日間本郷座で開演されている。こうしたことなどから、国文学者三好行雄は、『三四郎』の時代設定は、「明治四十年だったことになる」（「迷羊の群れ―『三四郎』夏目漱石」『三好行雄著作集』第五巻）と推定している。三四郎の東京帝大入学は一九〇七年ということになる。したがって、新聞連載の前年一九〇七年八月から一二月までの四ヵ月間が小説の時間である。

小川三四郎は、一九〇七年七月に第五高等学校を卒業したことになる。藤村操《みさお》が「巌頭之《がんとうの》感《かん》」の遺書を書いて自殺した一年後、つまり一九〇四（明治三七）―一九〇七年まで第五高等学校に在学した、ということである。1章でみたように教養主義が旧制高校の学生文化となりつつある時期、熊本で高校生活をおくったわけである。

当時、法科大学と医科大学は四年制だったが、それ以外の文科大学や工科大学、理科大学、農科大学は三年制だった。医科大学を例外に、他の分科大学がすべて三年制になったのは、一九一四（大正三）年からである。したがって、三四郎の卒業年度は、一九一〇（明治四三）年となる。同年の文科大学卒業者には英文学者の土居光知《どいこうち》（一八八六―一九七九）や哲学者の高橋里美《さとみ》（一八八六―一九六四）がいる。漱石山房の有力メンバーだった安倍能成は、前年卒業、阿部次郎は三四郎が入学した年に卒業している。

就職率三七パーセント

三四郎が卒業した一年あと、一九一一（明治四四）年の東京帝国大学各分科大学生の卒業後進路は表3-1のとおりである。表をみると、「職業未定又ハ不詳ノ者」は理系では少ない。理系のなかでは、理科大学が「職業未定又ハ不詳ノ者」の割合がもっとも高い。それでも一九・四パーセント。文科大学では三九・五パーセント、法科大学では三八・三パーセントもいる。

もっとも、このころは、現在のように卒業後すぐに就職するという形態が一般的ではなく、卒業後一年程度は職探し《ジョブ・サーチ》の期間だった。したがって、表3-1の「職業未定又ハ不詳ノ者」

表3－1　東京帝国大学卒業生進路（1911年）

（人［％］）

種別	法科大学	医科大学	工科大学	文科大学	理科大学	農科大学	合計
行政官吏	56(14.5)	0	0	0	0	0	56(6.2)
司法官吏	39(10.1)	0	0	0	0	0	39(4.3)
学校職員	0	1(0.8)	8(4.7)	29(35.8)	12(33.3)	14(13.5)	64(7.1)
官庁技術員	0	1(0.8)	57(33.3)	0	6(16.7)	44(42.3)	108(12.0)
官庁及病院医員	0	101(82.1)	0	0	0	9(8.7)	110(12.2)
弁護士	8(2.1)	0	0	0	0	0	8(0.9)
会社等技術員	0	0	84(49.1)	0	2(5.6)	3(2.9)	89(9.9)
銀行及会社員	45(11.7)	4(3.3)	0	0	0	0	49(5.4)
外国政府又会社招聘者	0	0	0	0	0	1(1.0)	1(0.1)
その他の業務者	52(13.5)	0	1(0.6)	0	0	11(10.6)	64(7.1)
大学院学生	37(9.6)	7(5.7)	5(2.9)	19(23.5)	7(19.4)	7(6.7)	82(9.1)
外国留学生	1(0.3)	1(0.8)	0	0	0	0	2(0.2)
他分科大学生	0	1(0.8)	0	1(1.2)	2(5.6)	2(1.9)	6(0.7)
職業未定又ハ不詳ノ者	148(38.3)	5(4.1)	16(9.4)	32(39.5)	7(19.4)	11(10.6)	219(24.3)
死亡者	0	2(1.6)	0	0	0	2(1.9)	4(0.4)
総計	386(100)	123(100)	171(100)	81(100)	36(100)	104(100)	901(100)

（出所）『文部省年報』より作成

をただちに就職未定者とすることは正確ではないが、それにしても、帝大卒業者の就職率が悪化している様子は明らかである。「高等遊民」という言葉が飛び交ったころである。

なかでも文科大学卒業生の就職は芳しくなかった。というと、表3－1をみて、読者は疑わしく思うかもしれない。「職業未定又ハ不詳ノ者」だけをみると、法科大学と文科大学とはほとんど変わらない率だからである。しかし、文科大学卒業生のうち大学院に進学した者が二三・五パーセントもいることに注意してほしい。このころの文科大学大学院は就職までの腰掛け場所だったから、大学院進学は「職業未定又ハ不詳ノ者」の別名とみてよい。

大学院進学を「職業未定又ハ不詳ノ者」と同義だったと考えると、文科大学は就職率が極度に低いことになる。「職業未定又ハ不詳ノ者」と「大学院学生」をあわせると、法科大学四七・九パーセント、文科大学六三パーセント。文科大学生の就職難ぶりがきわだっている。文科大学で卒業後ただちに就職口があったのは、二人に一人にも達していなかったということになる。

小説『三四郎』のなかにも「職業未定又ハ不詳ノ者」が少なくない当時の行路難を示唆する場面がある。「講義の間に今年の卒業生が何処其処《どこそこ》へ幾何《いくら》で売れたと云ふ話を耳にした。誰と誰がまだ残つてゐて、それがある官立学校の地位を競争してゐる噂《うわさ》だ抔《など》と話してゐるものがあつた」、と。この場面は、「ある官立学校の地位を競争してゐる」という内容つまり教職口の話だから、文科大学生の就職模様である。

進路と処遇

文科大学は就職率がよくないだけではない。表3－1で就職先を法科大学と比べてみよう。法科大学は行政官吏、司法官吏、弁護士はいうまでもなく、銀行員・会社員など進路がバラエティーに富んでいる。それに比べ、文科大学卒業生のほとんどの進路は学校職員である。

理科大学（理学部）は文科大学と似て学校職員が多いが、それでも、進路に官庁技術員や会社等技術員がみられる。文科大学生の進路が教員に極端にかたよっていることがわかるはずである。

大学院に進学した者のほとんどは教職についたから、文科大学生の進路といえば、教職以外考えにくかった。法学部が「つぶしのきく学部」で文学部が「つぶしのきかない学部」といわれつづけたゆえんである。

中等学校以上の教師となった帝大文学士は、同時代の庶民の所得や小学校教師などと比べれば、もちろん高所得者ではあった。しかし、一九〇七（明治四〇）年で、帝大文学士の中等学校教師初任給を法科大学卒業生の就職先である官吏や会社員と比べると二〇パーセントも低かった。勤務年数を重ねると教職と官吏、会社員の差はさらにひらいていった。大正時代末期から昭和初期にかけての職業別平均給与でみると、帝大文学士の典型的な進路である中等学校教師の平均給与（一〇〇－一二〇円）は、官吏（奏任官《そうにんかん》）の平均給与（二一八円）や帝大法学士一流会社ホワイトカラー（一〇年目）の平均給与（二〇〇－三〇〇円）と比べて半分ほどにしかならない。帝大文学士は、同期の帝大法学士や工学士の所得からみれば、経済的には恵まれなかった。

小説『三四郎』には、三四郎が広田先生の家で、地方の中学校教師とおぼしき学士と出会い、三人で柿を食べる場面がある。そこで、中学教師の苦労話がでてくる。生徒が騒ぐ学校紛擾《ふんじよう》の悩みもさることながら、中学教師の生活難ぶりが「下駄の台を買つて、鼻緒《はなお》は古いのを、着《す》げ更《か》へて、用ひられる丈《だけ》用ひる位にしてゐる」というふうに語られている。三四郎は、この男の顔をみていて情けなくなり、「自分の寿命も（大学にいる間の―竹内註）僅《わず》か二三年の間なのか知らん」と考え、ふさぎ込んでしまう。

教養主義の再生産装置

文学部卒業生のありうる未来のほとんどが中等学校をはじめとする学校教師であったことは、三四郎の時代以後でもそうだった。

教育社会学者山田浩之は、学士会の『会員氏名録』から、一九一九（大正八）―二〇年と一九二九（昭和四）―三〇年の帝大（東京、京都ほか）文学部卒業生の就職先（初職）の割合を集計している。一九一九―二〇年は二六・一パーセント、一九二九―三〇年では三七・一パーセントが教員に就職している。無職・不明・学生などの割合を除いた就職者の割合をみれば、教員就職者の割合は、それぞれ五三・七パーセント（一九一九―二〇年）、七六・八パーセント（一九二九―三〇年）となる（『教師の歴史社会学』）。文学部卒業生の半数以上が教員就職だったのである。

中等学校や官立専門学校教員などが自分たちの未来であることは文学部生にはよくわかっていた。『昭和四年度東京帝国大学学生生計調査』の「卒業後ノ方針」をみても、回答した帝大文学部生六一〇人の五八・九パーセントが「教育家」（教員）を挙げている。大学院などでの研究継続は九・五パーセントである。さきほど文学部の大学院のほとんどは教職待ちの腰掛けだったと述べた。そうすると、「研究継続」も、進路としては教職である。「教育家」と「研究継続」をくわえると、実に六八・四パーセントが教育職を卒業後の方針としている。教職以外は、微々たるもので、記者・著述家五・六パーセント、行政官三・三パーセントがあるのみである。

フランスやドイツ、イギリスなどでは、人文教育を受けた者がエリート中等教育学校であるリセ（フランス）、ギムナジウム（ドイツ）、パブリック・スクール（イギリス）の教師になり、教養と教養信仰を再生産したが、日本の教養主義も文学部卒業生が旧制中学校や高等女学校、旧制高校の教師になることによって伝達された。旧制中学校や女学校などの教師は、高等師範学校や師範学校、私立大学、専門学校出身の教師が多かったが、旧制高等学校になると、教師の半数以上は帝国大学出身の文学士だった。文学部卒の教師によって感化された学生が旧制高校や文学部に進学し、その後教職について、教養主義を再生産するという循環も成り立っていた。

矜持と屈折

文学部生にとって経済資本の期待収益が少なくなるぶん、文化教養への投資の思い入れが強くなる。文学部生の矜持《きょうじ》は、自分たちはパンのための学問を学んでいるのではないという自負を肥大させた。一九一三（大正二）年に『赤門生活』という東京帝大案内本が発行されている。各分科大学を紹介しているが、文科大学気質のところにはこう書かれてある。「文科の連中は、いつでも自分をえらいものだと思つてゐる。その証拠には、法科のやつは外面的だとそしるし、医科と工科とはまるで金の亡者のやうに悪くいはれるし、それで理科の男はあたまが悪いもんだからファインなことは考へられないんだと罵つて居る」

文科（文学部）大学生の「いつでも自分をえらいものだと思つてゐる」矜持は、他分科大学生を差異化することと裏腹に存立している。それだけに、文学部の外側の者からすれば、文学部生の矜持は意固地や屈折にみえやすい。三四郎が文科大学に入学する二年ほど前（明治三八年）『文科大学学生々活』という文科大学の内幕本が出ている。『読売新聞』の連載をまとめたものである。著者はXY生となっているが、正宗白鳥《まさむねはくちょう》（一八七九—一九六二）の匿名である。その中に高等下宿の女中の会話としてつぎのようなものがある。

「法科と工科の人が一番さつぱりして男らしい、医科の人はいや味があるし、それから文科の人はくすんで〻一番いやだつて、それに何だつて、文科の方は官員さんにもお医者さんにもなれないし、一生金持ちにはなれないんだとさ」

文科大学生の矜持は、経済資本の期待収益の低さによって、部外者からは、「くすんだ」ものに思われてしまっている。

Lという象徴資本

このような文学部生の屈折や意固地ともいっていいような矜持は、文学部生が就職市場から締め出されていた時代にはその後も根強く存続した。

文学部生の未来が教職中心だという状況は、一九六〇年代半ばころまでつづいた。表3－2は一九六二（昭和三七）―六四年までの京大文学部の就職一覧である。一九五〇年代半ばから新聞、放送、出版社などのマスコミが求人を拡大したことによって、就職先に新聞社や放送局が増えているが、それでも教職は二位を占めている。商事・サービスなど一般企業への就職という七〇年代以降顕著になる文学部の非文学部化現象のはじまりもみられるが、大企業は少ない。文学部に進学することは、将来の大企業会社員や銀行員を諦《あきら》めることだった。当時（一九六八年）、早稲田大学が学生のために発行した『就職手帳』はつぎのように書いている。

第一政治経済学部、法学部、商学部は、「経営に活用できる分野の学習を現実に即したカリキュラムで行っている」から就職部に求人のある会社のほとんどどれにも応募できるが、「人間性の追求を中心としたカリキュラム」の第一文学部や教育学部においては「応募できるチャンスは多くありません」（「売れる学部・売れない学部」『螢雪時代』一九六八年九月号より再引用）。

こんな時代、わたしの同年代で、私立大学文学部に進学したいとこがいる。わたしなどよりずっと本も読んでおり、学識豊かだったいとこだが、学生服には、大学のバッジはつけず、文学部の記章のＬだけをつけていた。文学部という威信（象徴資本）によって経済資本の期待収益率の低さだけでなく、学歴資本の不足を補っていたのではないかと、いじわるな解釈もしたくなるほどだった。逆にいえば、こんな解釈もできるほど、不足資本を補填《ほてん》するだけの象徴資本を文学部がもたらしたのだともいえる。

表3－2　京大文学部業種別就職者数（1962～64年）

順位	業種	人数
1	新聞	44
2	教職	23
3	放送	19
3	商事・サービス	19
5	広告	10
6	造機・電機	7
6	諸工業	7
8	運輸	6
8	官庁・公共事業	6
10	出版	5
11	鉄鋼・金属	4
11	紡績・繊維	4
11	化学・薬品	4
14	食品・水産	3
14	諸団体	3
16	土木・建設	2
17	銀行	1

（出所）「文学部出身の活躍の場」日本リクルートセンター、1964

図3－1　学部別1日平均勉強時間

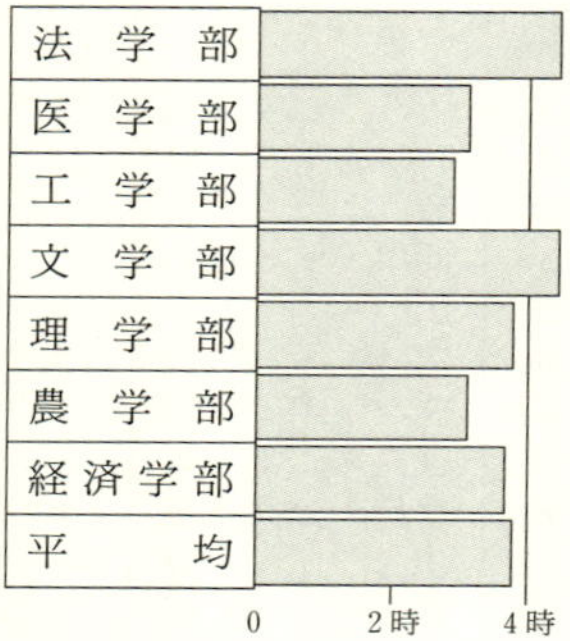

（出所）本文参照

学習時間と書籍購入費

それでは、戦前におこなわれた東京帝大学生調査や京都帝大学生調査のデータを文学部を中心に再集計し、分析し直すことによって、教養主義を担った文学士のハビトゥスと身体に立ち入ることにしよう。

戦前の東京帝大と京都帝大の学生生活調査で、わたしが手にできたものは、前者（東京帝大）が四種類（一九二五、一九二九、一九三四、一九三八年）と後者が二種類（一九三二年と一九三五年）である。東京帝大の大規模調査としては、この四種類しかないとおもわれるが、京都帝大については、詳細は不明である。以下では、主として東京帝大の一九三八年調査をもとにし、適宜、補足としてその他の調査データを添えることを旨とするが、三八年調査にない質問項目については、他の年度や京都帝大調査を使用することにする。

まず『昭和九（一九三四）年度東京帝国大学学生生活調査報告』によって学部別学校外勉強時間を比較しよう。図3－1がその集計結果である。理科系（工・農・医）は実験実習などが多いから学校外学習時間が少なくなっているとおもわれるが、文学部の四・三時間は法学部の四・四時間についで多い。法学部の場合は高等文官試験などの受験勉強が多くを占めている。文学部の場合はそうした受験勉強の時間は少ないはずだから、勉強時間のかなりは無償の勉学とみなすことができる。

表3－3（『昭和十三（一九三八）年度東京帝国大学学生生活調査報告』）は書籍文具費の学部別実額（円）と学資全体の中に占めるその割合（パーセント）である。自宅生の場合、文学部生の学資に占める書籍文具費の割合は全学部でトップである。自宅外生においても文学部は、理学部と並んでトップである。金額についてみると、自宅生では、文学部は医学部についで多い。自宅外生では、文学部は、医学部、理学部にならんで多い。しかも注意しなければならないのは、文学部では自宅外生にしても、自宅生にしても、学資は多いほうとはいえないことである。自宅外生の学資では、文学部生は学部別で最下位である。にもかかわらず、書籍文具費が、もっとも多い学部のうちのひ

表3－3　学部別書籍文具費（円）と学資に占める割合（%）

学部	自宅	自宅外
法学部	9.5 (35.4)	10.9 (21.3)
医学部	12.2 (41.5)	12.7 (23.4)
工学部	7.7 (30.3)	10.1 (19.5)
文学部	11.6 (42.2)	12.1 (24.4)
理学部	9.3 (37.7)	12.6 (24.8)
農学部	8.3 (33.4)	10.3 (19.9)
経済学部	9.4 (34.5)	10.9 (20.7)

（出所）本文参照

とつである。文学部生は乏しい学資の中から多くの書籍費を捻出《ねんしゅつ》していたことがわかる。

図書館利用率

表3－4は、学生生活調査とは別の、東京帝国大学付属図書館調査によった学部別の一人当たり図書館利用調査結果である。文学部学生は、一人当たりの入館回数、利用冊数、いずれの指標においても群

表3－4　学部別図書館利用（1年間1人当たり）

	入館回数	閲覧冊数
文	21.4	64.1
法	15.3	29.6
医	14.7	23.8
経	8.0	13.6
理	5.5	9.3
工	3.1	4.8
農	2.8	5.2

（注）小数点2位を四捨五入
（出所）大室貞一郎『学生の生態』日本評論社、1940

を抜いて多い。一人当たりの閲覧冊数でみると、第二位の法学部と比べてさえ二倍以上の閲覧冊数である。経済学部生と比べると五倍にもなる。表では省略したが、一回当たりの利用冊数も他学部生が一冊かせいぜいが二冊であるときに、三冊と多い。文系では、経済学部生の図書館利用が少なく、理系では、工学部生と農学部生が少ない。

東京帝国大学調査の六年前の一九三二（昭和七）年におこなわれた『昭和七年度京都帝国大学学生生計調査報告』に付録として記載されている附属図書館図書閲覧数もみておこう。挙げられている学部別閲覧図書冊数を学部別在学者数一人当たり閲覧数で計算すると、多いほうから、文学部二四・一冊、法学部一二・六冊、経済学部九・二冊、医学部七・七冊、工

表3－5　京都帝大学部別愛読雑誌（1932年）

(％)

	法	経	医	工	文	理	農
総合雑誌	46.0	47.7	18.4	11.8	17.3	10.5	20.6
大衆雑誌	1.2	0.6	2.0	2.5	0.5	1.1	1.4
思想・哲学雑誌	0.2	0.6	0	0.3	7.1	0	0

（出所）本文参照

学部六・二冊、理学部五・七冊、農学部一・四冊である。京都帝大においても文学部の図書閲覧数は群を抜いており、文系では経済学部生、理系では、農学部生の図書館利用が少ない。文学部生の図書閲覧数は法学部生の約二倍、経済学部生の二・六倍。もっとも少ない農学部と比べれば、一七・二倍となる。

文学部の学習時間や書籍購入費、一人当たり図書閲覧数の多さは、帝大文学部こそが教養主義の奥の院であることを明瞭に示すものである。

大衆文化の差異化

ここで、文学部生の読書の特徴をみよう。東京帝大調査には学部別のデータがないので京都帝大調査を使う。表3－5は、『昭和七年度京都帝国大学学生生計調査報告』（在学生の五八・五パーセントの捕捉率）のなかの学部別愛読雑誌調査を整理したものである。素データにもとづいて『改造』『中央公論』『経済往来』を総合雑誌、『キング』『週刊朝日』を大衆雑誌、『思想』『哲学研究』『理想』を思想・哲学雑誌として学部別に再集計している。

文学部では、愛読雑誌に『キング』や『週刊朝日』などを挙げる者は少ない。『昭和十年度京都帝国大学入学者身上調査』(在学生の九六・七パーセントの捕捉率)には、『キング』のほかに『日の出』(新潮社)や『現代』(講談社)などの雑誌が挙がっているが、文学部生ではこれらの雑誌を愛読雑誌に挙げる者がもっとも少ない。『日の出』と『現代』も『キング』と同類の大衆雑誌である。ここらあたりは文学部生の大衆文化からの誇りある差異化と読み取ることができる。

それでは、文学部生は『キング』に代表される大衆雑誌と対極にあるインテリ雑誌ともいえる『改造』や『中央公論』のほうをもっぱら愛読していたのだろうか。

表3－5は、そうではないということを示している。『改造』『中央公論』『経済往来』の愛読率が、経済学部四七・七パーセント、法学部四六・〇パーセントであるときに、文学部は一七・三パーセントである。『昭和十年度京都帝国大学入学者身上調査』でも総合雑誌愛読率は、経済学部四四・六パーセント、法学部三二・八パーセントであるときに、文学部は一三パーセントである。文学部は総合雑誌の愛読率では経済学部や法学部と比べてかなり低い割合である。このことをどうみればよいだろうか。

大衆的教養主義との差異化

文学部生にとっては、『キング』が大衆雑誌だったのとおなじく、『改造』や『中央公論』も大衆教養主義的雑誌だったのであろう。総合雑誌は教養主義の表門にすぎないとかれらにはみえたのではないだろうか。

そのことは、文学部で、時論的な総合雑誌とは異なった哲学や思想の本格論文を掲載した『思想』や『哲学研究』などの愛読率が相対的に高くなることにみることができる。『昭和七年度京都帝国大学学生生計調査報告』では、『思想』『哲学研究』『理想』を愛読雑誌に挙げるものは、文学部以外の学部では一パーセント以下の微々たる割合である。ところが、文学部では、七・一パーセントにもなっている。『昭和十年度京都帝国大学入学者身上調査』でも『思想』の愛読率は法学部〇・六パーセント、経済学部〇・三パーセントであるときに文学部四・三パーセントである。

では、『思想』に代表される思想・哲学雑誌と『中央公論』や『改造』などの雑誌はどう異なっていたのだろうか。『思想』（第一期）の「発刊の辞」（一九二一年一〇月号）は、つぎのように述べている。

「（略）時好に投じ流行の問題を捕へて読者の意を迎へる雑誌は少くありません。また専門の学術雑誌も今以上に殖える必要はなささうに思はれます。しかし時流に媚びずしかも永遠の問題を一般の読者に近づけようとする雑誌は、今の日本に最も必要であつて同時に最も欠けてゐるものではありますまいか。弊店はこの欠を補はうと志したのであります。『思想』は或一つの主張を宣伝しようとするのではありませぬ。苟《いやし》くも真と善と美とに奉仕する労作は、いかなる立場いかなる領域であつても、これを集録してわが国人の一般教養に資したいと考へて居ります。過度のジャアナリズムに不満を感ぜられる人士が、弊店の真面目な努力を認めて下さることは、吾人のひそかに信ずるところであります」（傍点竹内）

「時好に投じ流行の問題を捕へて読者の意を迎へる雑誌」とは当時の『改造』や『中央公論』にまで及んでいたとはいえまいか。『思想』はそれらの雑誌とは異なり「過度のジャアナリズムに不満を感ぜられる人士」のために刊行されたということであろう。

『思想』は休刊を経て、一九二九年に再刊される。このときには、第一期『思想』（一九二一―二八年）よりも高踏的立場を緩和させる。アップ・トゥ・デイトな問題の関心に即すことを宣言している。これは、現下の社会問題を対象とするマルクス主義が論壇を制覇したことの反映であろう。しかし、それでも、「常に、問題の根底に横たはるより普遍的なものにまで掘り下げることを念とする」とされている。あくまで時論的な雑誌と一線を画しているのである。

純粋文化界とマス文化界

『改造』や『中央公論』に対する『思想』の差異化を考えるときに、社会学者ピエール・ブルデューのふたつの文化界のコンセプトが手がかりになる。

ここで「界《シャン》（champ）」というのは、さまざまな位置（地位）の構造化された空間における社会的行為の圏域のことである。それぞれの界には固有の賭け金＝争点と利害があり、固有の規則によって、支配をめぐる闘争がおこなわれているから土俵とか戦場と理解してもよい。われわれが政界や財界という名称を使うのは、それぞれの界が自律した領域を構成しながら、固有の場の規則にもとづき、固有の利害闘争をおこなっているからである。文化界もそうした自律したひとつの社会的圏域であるが、経済界や政治界が下位分化した領域をもつように、文化界もつぎのように下位分化した領域＝界をもつ。

文化界のひとつは、生産者自身を顧客対象にし、経済的利益よりも象徴的価値を志向する「純粋文化界」である。科学のための科学や芸術のための芸術といったことを旨とする文化領域である。外部からの自律性が高く、純粋性と抽象性、秘儀性、生産サイクル（物質的・象徴的利益が得られるまでの時間とその利益の保証期間）の長期性を特徴とする文化領域である。アカデミーや芸術院がこれである。もうひとつは、非生産者である大衆を顧客にし商業的成功や人気に志向する「マス文化界」である。文化財を象徴的価値としてよりも経済財としてみなす文化領域である。純粋文化界に比べると、外部からの自律性は低く、大衆的で具体的で、わかりやすく、生産サイクルの短期性を特徴としている。商業ジャーナリズムや商業演劇がこれである（"The Market of Symbolic Goods" in *The Field of Cultural Production*）。

ブルデューは、文化の正統化つまり聖別化を担う領域をあくまで純粋文化界においている。純粋文化界こそが文化の聖別化領域であることは、在野の研究者、あるいは大衆作家がアカデミズムや純文学者を中心とした文壇によって認承されるときの喜びに証示されることはもとより、認承されないことに対して時として示されるアカデミズムや文壇への執拗《しつよう》で深い不満と攻撃にも逆の形で証明されている。純粋文化界とマス文化界の区分は、巷間《こうかん》にいう純文学（界）と大衆文学（界）の区分にほぼ対応している。

『思想』は学会誌ではないのだから、「純粋文化界」のメディアとはいえないが、『中央公論』や『改造』が「マス文化界」に近いミドル・ブロウなメディアだとすると、『思想』は、そのオリジンである『思潮』（一九一七年五月―一九年一月）と同じく「純粋文化界」に近いハイ・ブロウなメディアを目指した雑誌だった。

文学部生の総合雑誌への接近率が法学部や経済学部に比べて低く、思想・哲学雑誌への接近率が相対的に高いことに、文学部が教養の「奥の院」だったことが示されている。『改造』や『中央公論』に代表されるマス文化界寄りのメディアによる大衆教養主義や中流教養人士

表3－6　学部別父兄の職業と自家の存在地

(%)

	職業		自家の存在地	
	農業	新中間層	農・山・漁村	都市
全学部	9.0	43.6	21.8	78.2
法	9.9	43.4	23.8	76.2
医	6.7	52.3	25.9	74.1
工	8.1	44.4	16.9	83.1
文	9.8	40.3	27.8	72.2
理	5.4	49.2	12.1	87.9
農	11.9	41.2	21.0	79.0
経	8.0	39.4	19.3	80.7

(出所) 本文参照

表3－7　東京帝大平均からみた農村・農民的学部(＋)と都会・都市人的学部(－)

	職業	地域	計
法学部	0	＋	＋
医学部	－	＋	0
工学部	0	－	－
文学部	＋	＋	＋＋
理学部	－	－	－－
農学部	＋	0	＋
経学部	＋	0	＋

を差異化することで、アカデミズムと接近した純粋文化界つまり教養主義の奥の院を確保している、ということではなかろうか。

出身地と階層

つぎに、文学部生、つまり教養知識人やその予備軍の社会的背景の特徴をみよう。表3－6は、『昭和十三年度東京帝国大学学生生活調査報告』をもとに、学部別の都市／農・山・漁村出身者率と新中間層／農業率を算出し比較したものである。ここで新中間層というのは、調査項目中の「官公吏、法務ニ従事スル者、教育ニ従事スル者、医療ニ従事スル者、記者・芸術家・著述家、会社員、事務員、技師」である。

この調査がおこなわれた一九三八年には、帝国大学生全体で農村出身者は五人に一人にすぎなくなる。ほとんどは都市部出身者である。また父兄の職業において農林・漁業は一〇人に一人であり、二人に一人はホワイトカラーや専門職の新中間層出身者である。しかし、学部別の相対比較をすることで帝国大学文学部生の特徴が明らかになる。農業は農学部がもっとも多いが、法学部と文学部がこれについでいる。新中間層の割合も文学部は経済学部とならんで少ない。ただし経済学部は商業などの旧中間層が多い。

学部別に親の職業の農業率と農・山・漁村出身者率の特徴をはっきりとみるために、表3-6の学部別数値を東京帝国大学学生全体の平均値を基準に指標化した。東京帝国大学全体の平均に近いものを0、平均より上回るものを+、下回る場合を−に符号化し、二つを加算した。表3-7の右欄の符号+が多いほど、「農村的学部」で、符号−が多いほど、「都市的学部」ということになる。理学部が新中間層的で都市出身者的な学部であるときに、文学部は相対的にもっとも農村的な学部である。

同年度の東京帝大調査で、学資支給の困難度を学部別にみると、全学部平均で一四・七パーセントであるときに、文学部は二〇・七パーセントでもっとも高率である。理学部と工学部はそれぞれ、一三・二パーセント、一二・八パーセントでもっとも低い学部である。『昭和七年度京都帝国大学学生生計調査報告』でも、「父兄ヨリ」学資支給困難者の全学平均が一八パーセントであるときに、文学部は、二七パーセントで全学部中の一位である。農業出身者や地方出身者、相対的な貧困層にとって教養主義の殿堂である文学部は敷居の高い学部ではなく、むしろ親和的な学部だったということが浮かびあがってくる。

文学部・経済学部・理学部

ここで興味深いのは、文系の中では、経済学部は文学部と対蹠的な学部であることだ。経済学部は相対的に豊かな階層が多い。ところがこれまでみてきたように、学習時間や図書閲覧、書籍費などの指標でみてみると、経済学部はもっとも低い。本章の冒頭で触れた旧制高校卒業生回顧調査（「OBの体験からみた旧制高等学校」）の高校入学前の期待と高校入学後の充実感をみても、他の学部進学者に比べて、経済学部進学者は、「学問の世界」の憧れや充実感でももっとも低い。「自由な生活」や「スポーツへの没入」などで高い割合を示している。文学部が教養主義の殿堂であったときに、経済学部は帝大の中のレジャーランド学部ともいうべきものだった。

「レジャーランド大学」というネーミングは、朝日新聞記事見出しデータベースによると、一九八五年一〇月二日（「『レジャーランド大学』よして『腕に技術』も道」）が最初である。『現代用語の基礎知識』においても一九八六年版が最初で、「レジャーランド」の項目のあとに「①娯楽や遊びの施設がある所。②遊び学生が遊んで過ごす今日の大学」とでてくる。このように、一九八〇年代に世間で、レジャーランド大学がいわれたころ、京都大学経済学部

表3－8　高校類型別学部入学者割合（1935年）

（　）内％

高校類型	全体	法	医	工	文	理	農	経
大都市所在官公立	703 (32.3)	205 (32.2)	66 (38.8)	128 (40.1)	103 (26.3)	42 (42.9)	58 (27.0)	101 (28.9)
私立 (大都市所在)	155 (7.1)	39 (6.1)	7 (4.1)	28 (8.8)	23 (5.9)	10 (10.2)	24 (11.2)	24 (6.9)
地方所在官公立	1321 (60.6)	392 (61.6)	97 (57.1)	163 (51.1)	265 (67.8)	46 (46.9)	133 (61.9)	225 (64.3)
合計	2179	636	170	319	391	98	215	350

（出所）本文参照

について「パラ経」という呼称が京大内キャンパス用語として流行《はや》った。パラ経とはパラダイス経済学部の略称で、経済学部が京都大学の中でもっともレジャーランド化した学部であることを称したものである。このころ（一九八七年から二年ごと九五年まで）の京都大学学生調査（『学生生活実態調査報告』）には、家庭の年収の学部別平均が集計されている。年度によって学部（九学部）による順位の変動が多少あるものの、この間の全体としての傾向は、家庭の年収のもっとも多いのは医学部であり、つぎが経済学部である。なお東京帝大経済学部卒業生の進路を一九二九（昭和四）年まででみると、教職六・三パーセント、官庁七・八パーセント、会社・銀行八〇・一パーセントである（『経友』第一四巻、一九二九年）。法学部に比べて官庁が、文学部に比べて教職がきわめて少ない。多数の卒業生が会社や銀行に就職している。

閑話休題。別の視点から東京帝大各学部の都会性と地方性をみてみよう。資料は『昭和十年度入学者ニ関スル調査報告』

（東京帝国大学庶務課）である。旧制高校を一高、府立高などの「大都市所在官公立高校」、武蔵、甲南などの「大都市所在私立高校」、二高、松本高など「地方所在官公立高等学校」に類型化し、学部別入学者を計算したものが表3－8である。

文学部は、大都市所在の官公立高校出身の割合がもっとも低い。大都市にある私立高校出身者の割合は医学部についで低い。地方所在の高校出身者の割合はもっとも高い。理学部は大都市所在の官公立高校出身の割合がもっとも高い。大都市にある私立高校出身者の割合も高い。地方所在の高校出身者の割合がもっとも低い。出身高校類型別でみると、文学部と理学部は反対の結果を示している。これは、さきほどの学生生活調査の再分析で得られた、文学部が「農村的」で、理学部が「都市的」である、という知見と相同である。他の年度（一九三六―四一年）について同じように再集計してみても文学部に地方所在の高校出身者が多いことは変わらない。

スポーツ嫌いと不健康

さらに、『昭和十三年度東京帝国大学学生生活調査報告』で学部別の趣味・娯楽をみてみよう。全体としてみると、映画、音楽、観劇、スポーツが上位にある。理学部と文学部を除いて、すべての学部でスポーツは五位以内に登場している。理学部ではグラウンドや室内で

表3－9　学部別スポーツ嫌い

学部	散歩	無記入	計(%)
総数 10,883	131	1,140	1,271 (11.7)
法 3,495	34	412	446 (12.8)
医 1,126	17	95	112 (9.9)
工 1,944	8	120	128 (6.6)
文 1,002	29	200	229 (22.9)
理 490	4	85	89 (18.2)
農 1,008	13	69	82 (8.1)
経 1,818	26	159	185 (10.2)

（出所）本文参照

おこなうスポーツは登場していないが、登山が三位に登場している。文学部は散歩が第五位に顔をみせている。文学部においてはスポーツは九位。文学部生がもっともスポーツをしないということになる。

　この点をスポーツの項目で確かめよう。この調査ではスポーツ名を具体的に記入する（「為《な》ススポーツノ種類」）ことになっている。したがって、「記入ナシ」はスポーツの習慣がないことと解釈できる。またスポーツの中に散歩を挙げた者もスポーツをしないこととほとんど同義である。そこで「記入ナシ」と「散歩」を合計してその割合を集計したものが表3－9である。ただし、この調査は複数のスポーツを記入したものも含めて集計がなされているから、スポーツ嫌いの割合そのものではない。あくまで学部別スポーツ嫌いの相対比較のための指標である。文学部は全学平均の約二倍で、スポーツ嫌いの第一位である。『昭和七年度京都帝国大学学生生計調査報告』で、おなじように「散歩」と「不詳」をあわせたものをスポーツ嫌いとしてみると、文学部がもっとも高い。

健康状態については自己申告であるが、文学部は「強健」がもっとも少なく、「虚弱」が医学部についで多い。帝国大学学生調査の中で、もっとも古い一九二五年調査（『東京帝国大学学生生計調査』）には、兵役関係の調査結果がのっている。頑健の指標である甲種合格は、工学部（二三・二パーセント）がもっとも多い。平均は一七・八パーセント。文学部は全学部でもっとも低く、一三・〇パーセントである。

虚弱な身体

こうした虚弱な身体としての文学士という社会類型イメージは小説にもよく登場してくる。宇《う》野《の》浩二《こうじ》（一八九一―一九六一）の短編小説「或法学士の話」（『太陽』一九二〇年九月号）は、「色の白い」文学士の身体を「長目に延ばした髪の毛を無雑作に左分けにして、顔色は随分青白くて、眉毛《まゆげ》は少しげじ〳〵だが漆のやうに濃くて、細い、小型の鼈甲《べっこう》縁の眼鏡さへも如《い》何《か》にも文学士らしく光つてゐる」と描いている。小説『三四郎』にもつぎのような描写がある。

「三四郎は元来あまり運動好きではない。国に居るとき兎狩《うさぎがり》を二三度した事がある。それから高等学校の端艇競漕《ボートきようそう》のときに旗振《はたふり》の役を勤めた事がある。其時青と赤と間違へて振つて大変苦情が出た。（中略）それより以来三四郎は運動会へ近づかなかった」

しかも文学部生は、こうした虚弱な身体をむしろ文学士の「よりしろ」にした節もある。帝大文学部生予備軍である旧制高校の文芸部員が、スポーツ愛好家を冷ややかに見ていたことは、久米正雄の第一高等学校文芸部を描いた短編小説『選任』に描かれている。

小説は、主人公である久能が文芸部委員に選ばれるかどうかで一喜一憂する心の揺らぎを描いている。文芸部委員の上級生の三宮や石岡が野球をしている久能に近づいて「久能君」と呼び掛ける場面がある。久能は、校友会雑誌の常連投稿者である佐竹でも橋本でもなく自分が選ばれたのだ、と瞬間的におもう。そして場面はつぎのように展開する。

「久能は何となく咎《とが》められるやうな心持で、一塁から二塁に走りつゝある橋本をちらと見やりながら、黙つて従《つ》いて行つた。

『折角愉快な処《ところ》を失敬しました』久能が近づくのを抑へるやうに三宮君は云つた。久能は又自分の弥次《やじ》性を赤面しなければならなかつた。

『いや。こんなヴルガア（vulgar　野卑な―竹内註）な事ばかりしてゐるんで、自分ながら浅ましい次第です』

『そんなことはありませんよ。君らは運動が出来るんで羨《うらや》ましい位です。僕らのすると云ふのは、多寡が散歩位なもんですからね』」

運動は「ヴルガア」で「浅ましい」といい、羞恥《しゅうち》さえ感じている。不健康や虚弱を文学青年の条件のようにさえ感じている。

帝国大学調査から、日本の教養貴族の生産工場である帝国大学文学部は帝大の他学部に比べて「農村的」で「貧困」で「スポーツ嫌い」、「不健康」という特徴が抽出された。

エコール・ノルマル・シューペリウール

われわれは、帝大理学部が新中間層的で都市出身者的な学部であるときに、帝大文学部はもっとも農村的な学部であるという知見を得た。したがって、農業出身者や地方出身者にとって教養主義の殿堂である帝大文学部は敷居の高い学部ではなく、むしろ親和的な学部だったと述べた。ここらあたりは、ルイ・パストゥールやロマン・ロラン、ジャン＝ポール・サルトル、ルイ・アルチュセール、ミシェル・フーコーなど絢爛《けんらん》豪華な科学者や文学者、思想家、学者を輩出したフランスの文化貴族の生産工場であるエコール・ノルマル・シューペリウール（高等師範学校）が地方の貧しい階層にとってよそよそしい学校であることとかなり違っている。

そもそもエコール・ノルマル（共和国学校）は、フランス革命の直後、国民公会によって生まれた学校である。文字を知らず、偏狭な地方人を民主的共和国民にふさわしい市民に育成するための指導的教師の短期教育機関として、一七九五年に開校した。しかし、財政難やカリキュラムと生徒の学力とのミスマッチなどで、実質的な機能をあまり果たさなかった。その後、ナポレオンによって帝国師範学校（École Normale Impériale）となり、一八四五年にエコール・ノルマル・シューペリウール（École Normale Supérieure）と改称された。改称後、卒業生は中等学校教師、大学教授、作家、ジャーナリスト、政治家、官僚となり、フランスのエリート高等教育機関であるグランド・ゼコール中の名門校となる。

エコール・ノルマル・シューペリウールは、エコール・ポリテクニック（理工科学校）などの他のグランド・ゼコールと比べても入学者が少数であることに特徴がある。さらに、他のグランド・ゼコールがエリート官僚、技術者、経営幹部《カードル》などを養成する実学専門学校であるときに、純アカデミックな学校であることにも特徴がある。入学者は、一九世紀には四〇人前後、二〇世紀半ばまでは五〇人前後といった少人数だった。卒業生数が少ないことは、政治エリートや官僚エリートにおけるノルマリアン（エコール・ノルマル・シューペリウールの卒業生）の占有率を高めることにはマイナスだったが、純アカデミックな学風とあいまって、卒業生のカリスマ性を高めることにはなった。傑出した文化人や研究者を輩出することによって文化領域の指導的役割を果たすにはプラスだった。

一九二四年ノルマルに入学し、サルトルやポール・ニザンと同級生だった社会学者レーモン・アロン（一九〇五—八三）は、入学時のころについてつぎのように回想している。

「元修道院の老朽校舎は、お世辞にも住み心地がいいとはいえなかったが、学校自体は唯一のエリート養成校の威信を誇っていた。当時はまだ国立行政学院（ＥＮＡ）は存在していない。（中略）ユルム街の高等師範についての私の第一印象は、軽薄だといわれるのを承知でいうと、驚嘆の一語に尽きる。どうしてかと訊ねられれば、今日でも私は真面目にそして率直に、あれほど狭い場所にあれほどの逸材がそろっているのに出会ったことはかつてない、と答えるだろう」（『レーモン・アロン回想録』１）

ノルマリアンの階層と出身地

ノルマリアンの社会的階層や出身地域については、ロバート・スミスの研究（*The École Normale Supérieure and The Third Republic*）がある。スミスは、一八六八年から一九四一年のノルマリアンをデータにして興味深い知見を提起している。帝大文学士の特質と比較するために、スミスによるノルマリアンについての知見を参照しよう。エコール・ノルマル・シューペリウールはさきほど触れたように、共和主義的教師団をつくる目的で設置された。そのことからもっぱら能力で入学者を選抜する民主的な学校とみられてきた。しかし、実のところは階層的にも地域的にも偏った入学生をもつ学校だったことをスミスは明らかにしている。

表3－10　ノルマリアンの出身階級

父の職業	就業人口(1872)%	文系（1,598人）			理系（1,033人）		
		%	輩出率	順位	%	輩出率	順位
地主・資本家	9.2	10.8	1.2	7	10.3	1.1	7
高級官吏	1.0	5.1	5.1	5	3.6	3.6	6
自由専門職	0.8	14.3	17.9	4	8.6	10.8	4
将校	0.2	3.9	19.5	3	4.2	21.0	3
中等学校・大学教授	0.1	19.6	196.0	1	17.2	172.0	1
上流階級計	11.3	53.7	4.8		43.9	3.9	
初等・実業学校教師	0.5	12.8	25.6	2	12.1	24.2	2
中・下級官吏	—	12.8			12.0		
ホワイトカラー	—	7.9			9.1		
官吏・ホワイトカラー計	4.5	20.7	4.6	6	21.1	4.7	5
職人・小売商・商人	6.7	4.3	0.6	8	6.6	1.0	8
中流階級計	11.7	37.8	3.2		39.8	3.4	
警察官・兵士	1.1	0.8	0.7		1.3	1.2	
熟練労働者	19.9	3.1	0.2		8.3	0.4	
非熟練労働者	6.7	0.4	0.1		1.2	0.2	
農民	35.0	4.3	0.1		5.6	0.2	
農業労働者	14.3	0.0	0.0		0.0	0.0	
下層階級計	77.0	8.6	0.1	9	16.4	0.2	9

（出所）本文参照

表3－10は、ノルマリアンを父の職業によって分類している。そして一八七二年の就業人口をもとにして職業別ノルマリアン輩出率を計算している。就業人口に占める割合とノルマリアンの中で占める割合がまったく同じときには、輩出率が一となる。したがって、それぞれの父の職業の輩出率が一より大きいほど、子弟がノルマリアンになる確率の高い職業であり、輩出率が一より低いほど子弟がノルマリアンになる確率が低い職業ということになる。

資本家や実業家など経済資本にもっとも富んだ階級の入学者はそ

れほど多くはない。しかし、経済資本と文化資本の双方のバランスがとれた医師や裁判官などの自由専門職や高級官僚、大学教授などを入れてみると、上流階級出身の学生が半数を占めている。初等教育の教師やホワイトカラーなどの中間層は四〇パーセント弱。警察官、労働者、農民などの下層階級出身は、一〇パーセント前後にすぎない。ノルマリアンの階級別輩出率を比較すると、下層階級に比べて中流階級は三〇倍、上流階級は四〇倍である。ノルマリアンの誕生地と入学時の住所でみると、パリ出身者が二〇—三〇パーセントで、人口二万人以上の都市出身者が大半である。

言語資本

しかし、ここで注意したいのは、ノルマリアンの出身階級が高く、パリを中心とした大都市出身者が多いということではない。ノルマリアンの出身階級を同時代のエコール・ポリテクニックの学生と比較すれば、ノルマリアンは地主・資本家や高級官吏は少ない。一八四八年から七九年のエコール・ポリテクニックの学生の出身階級は、地主と資本家で三二パーセント、大ブルジョア階級二〇パーセント、高級官吏一八パーセント、医師・法曹一九パーセント。ここまでで八九パーセントである。とすると、エコール・ノルマル・シューペリウールは相対的には中流階級と下層階級に開かれていた学校である（G. Weisz, *The Emergence of*

Modern Universities in France, 1863–1914)。むしろここで興味深いのは、文系ノルマリアンと理系ノルマリアンとを比べると、社会的出身階級が上流で、パリを中心とした都会出身者が多いのは理系ノルマリアンではなく、文系ノルマリアンのほうだ、ということである。

パリ生まれの学生は、文系ノルマリアン二二・一パーセント、理系ノルマリアン一七・九パーセントである。入学時でみると、パリ出身率は、文系ノルマリアン三五・二パーセント、理系ノルマリアン二七・九パーセント。しかも文系ノルマリアンは、理系ノルマリアンよりも出生から入学時までの間に大都市に移住した率が高い。また、医師・法曹などの自由専門職は、文系ノルマリアンが一八パーセントであるときに、理系ノルマリアンは、一一パーセントである。上流階級は文系ノルマリアンに多く、中流階級では理系ノルマリアンが多い。下層階級になると、理系ノルマリアン一六・四パーセントで、文系ノルマリアン（八・六パーセント）の二倍にもなっている（表3－10）。

こうした文理別のノルマリアンの地理的・社会階層的出自の差には、上流階級の理系ノルマリアン志望者には、エコール・ノルマル・シューペリウールのほかにエコール・ポリテクニックなどの代替学校があるが、上流階級の文系ノルマリアン志望者にはエコール・ノルマル・シューペリウールの代替学校がないという事情もある。しかしそれだけではない。スミスは、理系ノルマリアンと文系ノルマリアンの社会階級的・地理的出自の違いの背後要因についてつぎのようにいう。

「文科系の研究は、家族の中で秘めやかに慎重に培われる嗜好や言語が割増金になるのに対し、自然科学のほうは、そうした割増金が少なく、貧困層の学生にも習得しやすい学問である。貧困層の学生は、家族に教育がないことから文化的象徴の操作に弱点があるとはいえ、数学のようなもうひとつの抽象言語の使用において『富裕な学生』と同じ出発点をもっている」（傍点竹内）

文系ノルマリアンには、古典語の習熟が不可欠であるため、幼少時から洗練された言語能力を身につけていることが必要である。したがって、文系ノルマリアンは都市の教養ある家族、つまり高級官吏、自由専門職、大学教授などの家庭出身者が多くなる、というのである。

ピエール・ブルデュー

エコール・ノルマル・シューペリウールが地方出身者や下層中流階級の子弟にとって居心地がよくない学校であることは、フランスの社会学者ピエール・ブルデューの経験にもみることができる。ブルデューは、一九三〇（昭和五）年にフランス南西部ベアルン地方の小さな町の郵便局職員の子供として誕生した。地方の下層中流階級出身である。勤勉で勉強がよくできたブルデューはパリの秀才児の集まる有名リセ、ルイ大王校に進学する。そして、エコール・ノルマル・シューペリウールに入学する。一九五一（昭和二六）年のことである。エコール・ノルマル・シューペリウールなどのグランド・ゼコールは能力本位の選抜によってもっとも優秀な生徒が入学する。家柄は影響しない。そうおもわれている。しかしブルデューは、エコール・ノルマル・シューペリウールに入学し、周囲を眺めるにおよんで、エコール・ノルマル・シューペリウールをはじめとしてグランド・ゼコールにはパリ居住の特権階級の子弟が多いこと、自分のように地方出身で下層中流階級出身の学生は少ないこと、つまりスミスが統計的に明らかにした事実に気がつく。

エコール・ノルマル・シューペリウールでのこのときの場違いなよそよそしさがブルデューの学問のパン種になる。上流階級出身か中流階級出身か民衆階級出身か、パリ出身か地方出身か、などによって言語資本が異なる。言語資本の豊かさは、順に、パリの上流階級、地方の上流階級、パリの中流階級／パリの民衆階級、パリの民衆階級／地方の民衆階級である。ブルデューは、言語資本による選別以前の選別が働き、エリート高等教育機関への入学条件が違ってくることについて『遺産相続者たち』『再生産』『ディスタンクシオン』などで、再三言及している。

図3－2　文化との関係

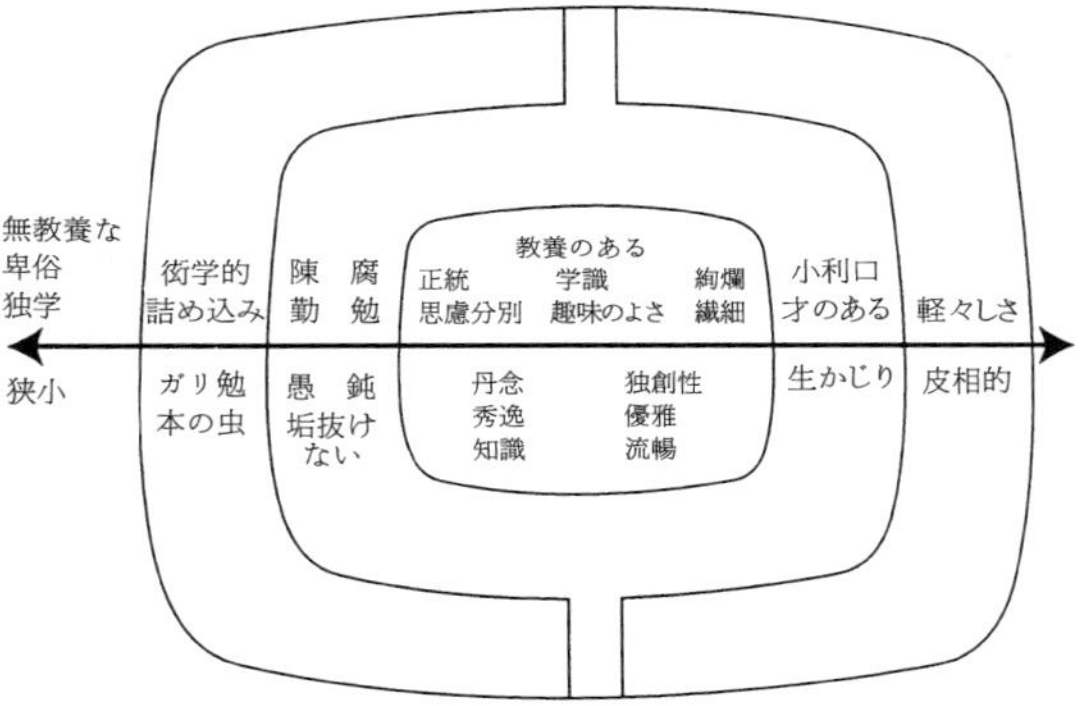

(出所) Bourdieu, P. & Saint-Martin (de) M., "Scholastic Excellence and the Values of the Educational System" (translated by Whitehouse, J.C.) in Eggleston, J. ed. *Contemporary Research in the Sociology of Education*, Methuen, 1974

こうして、ピエール・ブルデューとモニック・ド・サンマルタンはフランスの教養人《オネット・オム》の卓越さを描き出すために人々の文化との関係図（図3－2）を作成している。フランス的教養や卓越性はなにを知っているかであるよりも、知識や文化に対する関係のありかただからである。

図の中心が「教養のある」（cultivated）で、周辺が「無教養な」（uneducated）である。中心と周辺の間に、「衒学的《げんがく》」や「生かじり」がくる。フランスの教養人の卓越さは、図の周辺にある「衒学的」や「詰め込み」や「勤勉」ではなく、「優雅」や「思慮分別」や「独創性」である。「習得」ではなく「天賦の才」が崇拝されるのである。学習は軽蔑され、習得と獲得されうるものを俗悪とみる。現実からの距離をもった軽やかさと優雅さが特徴である。だからこそ、教養も卓越さも学校で習得される文化というよりも上流階級のハビトゥスに親和性をもっているのである。ブルデューとパスロンは、そうしたブルジョア階級における文化的相続についてつぎのようにいっている。

「純粋に学校的な文化は、部分的な文化あるいは文化の一部分であるばかりか、劣った文化でもあるということが、明らかに見てとれよう。というのもこの場合、その文化を構成する諸要素それ自体が、もっと大きい全体の中に置いてみればもつはずの意味をもっていないからである。(中略)両親がたいていは文化的向上心以外のものを伝達できないプチブルジョワ家庭と反対に、教養豊かな階級においては、文化への賛同の念をかきたてるようにもっと遥かにうまく作られている拡散した種々の刺激を、一種のひそやかな説得とでもいうべきものによって与えるのである」(傍点竹内、『遺産相続者たち』)

引用部分の「ひそやかな説得」とは、家に画集があり、たくさんの本があり、勝手にみたいものや読みたいものを手にとる自由闊達《かったつ》さのなかの文化的相続を指している。

フランスの文化貴族の殿堂であるエコール・ノルマル・シューペリウール、なかでも文系ノルマリアンは、地方の下層中流階級や民衆階級にしてみれば、言語資本や文化資本によるみえざる選別がおこなわれるために、門戸が極度に狭い。ピエール・ブルデューはみずからの経験を学問的に深化させることで、ブルジョア文化と密通しているフランス的卓越さと教養のからくりを暴いたわけである。

密通と模造

ここで、本章で得られた帝大文学部の出身階層と出身地域についての知見を重ねれば、近代日本の場合は帝大文学部と帝大理学部の出身階級・地理的出自がフランスにおける文系ノルマリアンと理系ノルマリアンのそれと反対になっていることにあらためて注目してほしい。近代日本においては、理学部のほうが文学部よりも出身階級が高く、都市出身者が多かったのである。こうしてみてくると、前章の最後でみた石原慎太郎の教養やインテリへの憎悪はつぎのように解析できるだろう。

都市ブルジョア文化の中に育った石原にとって、知識人文化である教養主義の奥底にある刻苦勉励的心性は相容《い》れない。にもかかわらず教養主義は学問とか知識という象徴的暴力として威迫してくる。しかし、日本の教養主義は必ずしもピエール・ブルデューがフランス社会を照準に描くブルジョア階級の教養＝ハイカルチャーの象徴的暴力ではない。教養主義はハイカルチャーの模造や紛《まが》い物。これこそが石原の教養主義に対する生理的嫌悪の背後にある心理と論理ではなかったろうか。

かくて石原は、刻苦勉励的教養主義に対して都市の遊民文化（バーやヨットなど）を、輸入知識という象徴的暴力には肉体的暴力（ボクサー）を、有名国立大学生に対しては、「もっとも都会的な」私立のK学園の生徒を対置する。石原慎太郎は、新制高校（湘南高等学校）と非帝国大学（一橋大学）と都市ブルジョア文化によって、教養知識人のハビトゥスと身体を相対化したといえる。

もっとも作家佐野眞一による石原家の克明な調査によれば、石原の父潔は旧制中学校中退で、しかも山下汽船には、店童という商店でいえば丁稚《でっち》のような身分で入社している。ホワイトカラー（職員）としての入社ではなかった。母光子は神戸市立第二高等女学校卒のインテリ女性ではあるが、ブルジョア家族というには距離がある。

しかし、石原慎太郎に物心がついた時点（三歳）では、父は小樽出張所主任管理職であり、戦後は山下汽船の子会社の常務にのぼり詰めていた。だから生活流儀もホワイトカラー上層家族のものそのものだった（「石原慎太郎のすべて」『現代』二〇〇二年九月号）。石原慎太郎は、大卒サラリーマンの初任給の何倍もするヨットを弟と自分のために買ってもらったことやホテルのバーで父と酒を飲んだことなどの思い出を書いている。

上昇型ブルジョアだからこそ、ブルジョア的でないものに敏感であり、また差別のまなざしもきびしいといえよう。不完全なブルジョア家族出身の石原によって、かえって日本の教養主義と教養主義者の貧しさが透視されたとさえいえる。ピエール・ブルデューは、下層中流階級と地方出身者というみずからの来歴からフランス型教養の華麗さが才能や能力そのものよりも、ブルジョア文化と密通していることを暴いたが、石原慎太郎は、都市ブルジョア階層というみずからの来歴から、日本型教養がブルジョア文化と不連続であるがゆえの貧しさを暴いたといえる。

4章　岩波書店という文化装置

戦前の岩波書店出版部の編集風景
（岩波書店蔵）

岩波ボーイと岩波女学生

前章では帝大文学部生の特徴を分析することで、教養主義の担い手のハビトゥスや身体についてみてきた。文学部は教養の奥義である古典・正典を定義し、解釈する制度だったが、出版社は、そうした教養を普及し、社会的に伝達する制度である。教養主義の文化エージェントは、なんといっても岩波文庫をはじめとする学術・教養書出版をおこなった岩波書店である。

教養主義の別名は岩波文庫主義でもあった。わたしのようなプチ教養主義者は、大学生のとき岩波文庫を何冊読むかで、自分の教養の目安にしたものである。文庫には厚いものもあれば、薄いものもある。そこで、何冊というよりも、かつて本の背に記してあった星いくつを読んだかを目安にしたりもした。

1章で触れたように、昭和初期にはマルクス・ボーイやエンゲルス・ガールという言葉が流行ったが、岩波ボーイという言葉もあった。鞄《かばん》から岩波文庫の赤帯（外国文学）をのぞかせる岩波女学生《ガール》もいた。いまならさしずめ「岩波な人々」というところだろう。「文化人の徽章《きしょう》」として多くの教養主義者を魅了した、岩波書店の出版物に代表される岩波文化とは何だったのだろうか。本章は、岩波文化を探りながら、教養主義文化の特徴を考えることにしたい。岩波書店の創始者である岩波茂雄からみていこう。

岩波茂雄

岩波茂雄は一八八一（明治一四）年八月、長野県諏訪《すわ》郡中洲《なかす》村中金子《なかがねこ》（現諏訪市）の農家の長男に生まれた。後年、岩波と懇意になる夏目漱石は、このとき一四歳。東京大学予備門に入学するために東京府立第一中学校を中退し、二松学舎《にしょうがくしゃ》で漢学を学んでいるころである。岩波茂雄の生家は持地が二町歩余りあった。裕福な村でも上の階層に入る家だった。高等小学校から新設された郡立諏訪実科中学校に進学した。やがて、かねてあこがれていた杉浦重剛《じゅうごう》（一八五五—一九二四）を校長とする日本中学校に進学するために上京し、五年生に編入する。

日本中学校は、国粋主義を掲げた独特の校風の学校だった。しかし、日本中学校は国粋主義だけで有名だったわけではない。旧制高等学校に多くの進学者を出してもいた。岩波は、二五番で卒業した。この年の卒業生は八四人だから、成績は、上の下あるいは中の上あたりだった。

卒業の年（一九〇〇年）七月、第一高等学校を受験するも、不合格。翌年、合格した。競争率四・三倍の難関だった。岩波茂雄の一高受験の時代は、旧制高校の浪人入学がふえてきた時代である。旧制高校全体の浪人入学は、入学者五人のうち一人にもなっていた。浪人入学がそれほど珍しいことではないうえに、一高入学は、中学校卒業生全体からみれば、六パーセントほどにしかならない。ただし、卒業生の六パーセントといっても、このころの中学生は、入学しても病気や資力はもとより学力不足などで半途退学するものが多かった。中学卒業率が四〇パーセントほどにすぎなかったときの六パーセントである。一高入学はまさに選《え》りすぐりの精華である。岩波茂雄のすぐ前には、東京帝大の門が大きく開いていた。

一高入学後は、端艇《ボート》部に入るかたわら中堅会の委員として活躍した。中堅会とは、一、二年生で構成され、不心得者の生徒に忠告したり、聞き入れられなければ制裁を行使する自警団的風紀委員会である。岩波は、運動部的な悲憤慷慨《ひふんこうがい》派だった。しかし、1章で触れたように当時の一高の学生文化は、教養主義の芽生えといってもよい人生懐疑の煩悶の時代になりはじめていた。岩波は、しだいにそうした新しい潮流の中に巻き込まれる。内村鑑三やトルストイの著作の読書に熱中した。悲憤慷慨派から瞑想《めいそう》煩悶派に変わった。一九〇二（明治三五）年暮、二年生のとき、聖書を携えて房州へ行く。こんな煩悶状態だったから、学業どころではなかった。翌年の学年試験を途中で放棄する。

一九〇三年五月、岩波が二年生のおわりのころ、一年下の藤村操は、日光の華厳の滝上の大木に「悠々たる哉《かな》天壌、遼々たる哉古今」ではじまる「巌頭之感」を書いて、投身自殺する。藤村の投身自殺の一ヵ月半ほどあと、岩波は野尻湖の中の小さな島に一人で生活しはじめる。ひきこもりである。

中退・選科・人脈

岩波茂雄は二年つづけて第一高等学校を落第したために除名になる。一九〇四（明治三七）年のことである。

表4－1にみることができるように、このころの一高中退者は入学者の一割強にも達している。といっても卒業試験が難しかったからではない。高等学校は、一夜漬けの勉強で間に合う、いわゆるトコロテン式卒業の時代だった。一九〇三－一二（明治三六－四五）年に学業上の理由によって中退したものは、年間一・四パーセント、三年間の総計でも四パーセント程度だった（アール・キンモンス『立身出世の社会史』）。とすると、このころ

表4－1　第一高等学校中途退学者数と中退率（1900～16年）

入学年	入学者数	中途退学者数	中退率%
1900	481	39	8.1
1901	327	36	11.0
1902	327	39	11.9
1903	331	29	8.8
1904	305	26	8.5
1905	337	47	14.0
1906	295	35	11.9
1907	353	25	7.1
1908	354	50	14.1
1909	366	39	10.7
1910	355	30	8.5
1911	353	27	7.7
1912	341	35	10.3
1913	340	23	6.8
1914	348	24	6.9
1915	357	22	6.2
1916	367	24	6.5

（出所）入学者数は『文部省年報』、中途退学者数は『第一高等学校同窓会名簿』（平成7年度版）より作成

の一〇パーセントを超える中退率の高さは、岩波茂雄にみられるような人生問題への煩悶による退学が多かったことを証示しているのかもしれない。

岩波茂雄は一高を中退したが、多くの生涯にわたる友人を得た。ドイツ語クラスの同級生には、のちの民法学者鳩山秀夫（一八八四―一九四六）、阿部次郎、美学者上野直昭《うえのなおてる》（一八八二―一九七三）、キリスト教史学者石原謙（一八八二―一九七六）などがいた。二年生のときの西寮第六番室では阿部次郎と同室だった。安倍能成は、一学年下で藤村操と同級だったが、岩波が落第して二年生を繰り返すことになったときに友人となった。いずれの人物ものちに岩波書店が刊行する書籍の重要な執筆者であり、岩波茂雄の人脈資本をひろげる環の結び目の人物となった。

一高を退学したことによって、岩波が東京帝大の本科生となる道は閉ざされた。一高退学から一年後、一九〇五（明治三八）年九月、岩波は東京帝国大学哲学科選科に入学した。当時の東京帝大は選科規定をつぎのように定めている。

「第一條　各分科大学課程中一課目又ハ数課目ヲ選ヒテ専修セント欲シ入学ヲ願出ツルトキハ各級正科生ニ欠員アルトキニ限リ毎学年ノ始ニ於テ選科生トシテ之ヲ許可ス……

第三條　選科生ハ年齢十九年以上ニシテ選科主管ノ教授其学力ヲ試問シ所選ノ課目ヲ学修スルニ堪フルト認ムル者ニ限リ其入学ヲ許可スルモノトス」（『東京帝国大学一覧　自明治三十

八年至明治三十九年』一九〇五年)

選科とは、もともとは正科生の数が少ないために生じた収容人員の余裕を前提にして、一部の科目についての修学を希望する青年に用意された教育課程である。帝国大学の前身である東京大学時代から設けられていた。選科生は、正科生と同じ講義、試験を受けたが、正科生とちがって制服制帽の着用の不許可や書庫に入れないなどの差別待遇があった。また、選科生は「卒業」(本科生)ではなく、「修了」であり、「学生」(本科生)ではなく「生徒」だった。漱石の小説『三四郎』で、脇役として登場し、赤門文化圏でも周辺に位置した佐々木与次郎が専門学校卒業生の東京帝大選科生である。岩波も選科入学によって与次郎と同じく本郷文化貴族圏の周辺に位置を与えられたことになる。一九〇八(明治四一)年七月、岩波は哲学科倫理学専修を修了する。

ここで、いい添えておくと、前章のはじめでみた小説『三四郎』の主人公小川三四郎は、岩波茂雄が第一高等学校を退学したときに、熊本の第五高等学校に入学し、一九〇七年から一九一〇年まで文科大学生だったから、フィクション上のことではあるが、岩波茂雄とは同時代の帝大生だったことになる。

岩波は選科修了後、教育雑誌の編集の手伝いをしていたが、一九〇九(明治四二)年、阿部次郎の世話で、神田高等女学校に奉職した。のちに阿部次郎の妻になる恒《つね》の母親竹沢里が経営していたことによる、つて就職だった。四年数ヵ月勤務したのち、女学校を退職し、古本屋岩波書店を開業する。間口二間（三・六メートル）、奥行三間（五・五メートル）の店だった。一九一三（大正二）年八月五日、岩波茂雄三二歳のときである。

『こゝろ』

古本屋岩波書店が、出版業として成功し、岩波文化をなす契機となったのは、なんといっても漱石の『こゝろ』の自費出版によってである。漱石と岩波の機縁について、漱石の孫夏目房之助とも親しかった評論家塩沢実信《しおざわみのぶ》の論稿（「岩波書店と漱石の『こゝろ』」『流動』一九七九年七月号）をもとにしながら、関連資料を参照して再現してみると、つぎのようなものである。

第一高等学校で岩波の莫逆《ばくげき》の友となった安倍能成は、漱石山房「木曜会」の有力メンバーだった。岩波は安倍を介して漱石に「岩波書店」という看板を書いてもらおうとして、漱石邸を訪ねた。漱石四六歳のときである。『東京朝日新聞』で『行人』の連載をはじめた翌年だった。漱石は引き受けたものの、気に入ったものができあがらない。なかなかもらえないので、岩波は、いらいらした。そんなある日、岩波は漱石邸の門を潜《くぐ》った。そしてたまたま、書斎に放っておかれたものをみつけた。これでよいと、岩波は漱石に無断で持って帰り、看板にした。こんなことがあっても漱石は岩波に腹を立てなかった。直情径行であっても誠実な性格に好感をもったからであろう。漱石は、一九〇七（明治四〇）年に、第一高等学校講師と東京帝大文科大学講師を辞任しているが、一九〇三（明治三六）年から一高と東京帝大で教鞭をとっていたから、岩波はひろい意味では、漱石と子弟関係にあったことになる。そうしたことも、漱石の寛容さの背後要因となったかもしれない。

それから約半年後、翌年（一九一四）八月、岩波は、漱石邸を訪れた。『東京朝日新聞』に連載されていた『こゝろ』をなんとか出版したいと、懇願した。漱石はすでに著名作家である。これまでの小説も春陽堂や大倉書店などの有名出版社から出されている。『こゝろ』の出版も引く手あまただった。看板揮毫《きごう》の縁もあったろうが、漱石は、このさい自費出版で出してみてもよいと思うようになった。自費出版となれば、自分でおもいどおりの装丁ができるという楽しみがあったからであろう。さらに、自費出版のほうが著者の実入りがよいという判断もあったかもしれない。

話がまとまる。最初の費用は漱石がもち、出版費用償却後に利益を折半するという約束だった。岩波は出版が可能になったことで感激した。用紙をはじめ最高の材料を使って立派な本にしようとした。採算を考えない凝りすぎを漱石に何回も注意されるほどのいれ込みようだった。こうして岩波書店は、スーパー作家夏目漱石の作品を出版するという劇的で幸運なはじまりをもつことができた。『こゝろ』につづいて、『硝子戸《ガラスど》の中』『道草』『明暗』などが出版された。漱石の作品と全集（第一次は一九一七〈大正六〉年、第二次は一九一九年、第三次は一九二四年）は、岩波書店のドル箱になった。同時に、岩波書店の文化威信を大いに高めることになった。

哲学叢書

しかし岩波書店を有名にし、経済的な潤いをもたらしたのは、漱石の作品だけではない。一九一五（大正四）年、『認識論』（紀平正美《きひらただよし》）を皮切りに、以後、全一二冊の哲学叢書を刊行し、これが大いに売れ、「哲学書の岩波書店」というブランドを確立したことにもよる。

哲学叢書の刊行にあたっては、波多野精一《はたのせいいち》、西田幾多郎、朝永三十郎《ともながさんじゅうろう》、桑木厳翼など、当時の錚々《そうそう》たる教授連を顧問にしたが、編集は阿部次郎、上野直昭、安倍能成の若手がおこなった。執筆者も編集者を中心に石原謙や高橋穣《ゆたか》（一八八五―一九六八）など、岩波のかねてからの友人だった。いずれも明治末年に東京帝大を卒業した三〇代の新進学者だった。

初版は八〇〇―一〇〇〇部程度と抑え気味だったが、執筆者が若い学者ということもあり、売れ行きが危ぶまれた。にもかかわらず『哲学叢書』シリーズは大いに世間にアピールした。第一次世界大戦後、多くの西洋思想が流入し、知識青年が思想の基軸を求めていたからだった。さらに一九二三（大正一二）年に高等学校の文系で、哲学概論が必須になったことも追い風となった。参考書や教科書として使用されたからである。もっとも多く売れた速水滉《はやみあきら》『論理学』（一九一六年）は大正末までに七万五〇〇〇部、一九四一（昭和一六）年までに九万部が出た。他の巻も二〇回前後版を重ねた。

これと前後して、東雲堂から発行されていた阿部次郎の『第弐　三太郎の日記』が岩波書店から刊行され、半年で三版になる。その三年後（一九一八年）、第参と第壱・第弐とが合本にされ、『合本　三太郎の日記』が発行された。一九四三（昭和一八）年までに三〇刷を重ねた。『善の研究』（西田幾多郎）は一九一一（明治四四）年に弘道館から刊行されたが、一九二一（大正一〇）年にあらためて岩波書店から刊行される。一年もたたないうちに五四版を重ねた。一九一七（大正六）年、『出家とその弟子』（倉田百三）もベストセラーとなった。『自覚に於ける直感と反省』（西田幾多郎、一九一七年）や『古寺巡礼』（和辻哲郎、一九一九年）なども出版される。

雑誌『思潮』もこの年（一九一七年）に刊行される。3章でみたように、『中央公論』や『改造』などの総合雑誌に対して、よりアカデミズム、つまり純粋文化界に接近した雑誌を目指した。

一九二七（昭和二）年には、ドイツのレクラム文庫に範をとった岩波文庫が創刊される。

レクラム文庫は、叢書というパッケージで教養ある人間の必読書目録を提供したが、レクラム文庫をモデルにした岩波文庫も、万人が読むべき古典の指針となった。この年、岩波書店の新刊が三桁の一四八点となる。イギリスのペリカン・ブックスをモデルにした岩波新書が刊行されたのが、一九三八（昭和一三）年である。岩波書店は教養主義の文化エージェントとして確立した。

社会関係資本

出版業は昔も今も人脈産業である。岩波より三歳年長の同時代人である野間清治《のませいじ》（一八七八―一九三八）が、自宅に「大日本雄弁会」の看板を掲げ、雑誌『雄弁』の創刊にとりかかったのが、一九〇九（明治四二）年である。創刊号が刊行されたのは、翌一〇年。岩波書店の開業の三年前である。野間清治が『雄弁』を発行するきっかけは、東京帝国大学法科大学首席書記をしていたことによる。法科大学緑会弁論部の演説会の演説速記録をもとに雑誌をつくろうとした。当時の梅謙次郎《うめけんじろう》（一八六〇―一九一〇）、松波仁一郎《まつなみじんいちろう》（一八六八―一九四五）、穂積陳重《ほづみのぶしげ》（一八五五―一九二六）などの法科大学教授との人脈が『雄弁』発行の土壌となった。

岩波茂雄の出版業も誂《あつら》え向きのネットワークの上になりたった。すでに触れた一高人脈によって、漱石などにつながることができたネットワークである。野間の『雄弁』の創刊とおなじく岩波の出版業への進出は、社会関係資本《ソシアル・キャピタル》によるものである。

資本とは価値増殖の過程である。貨幣という経済資本や教育訓練による人的資本、教養のような文化資本もある。人的資本が個人に、文化資本が家庭や学校に埋め込まれているときに、社会関係資本は、友人や知人などの社会関係に埋め込まれていて、社会関係をつうじて得られる資源である。「相互認識（知りあい）と相互承認（認めあい）とからなる、多少なりとも制度化されたもろもろの持続的な関係ネットワークを所有していることと密接にむすびついている、現実的ないしは潜在的な資力の総体」（ピエール・ブルデュー「『社会資本』とは何か」『アクト』第一号、一九八六年）である。

大事なことは、「何を知っているか」（what you know）ではなくて、「誰を知っているか」（who you know）であるといわれることに含意されている資本である。しかし、社会関係資本は、経済資本や人的資本のように、収益を見込んでの意図的投資によってよりも、同窓や同じクラブのメンバーであることなどに付随して発生することが多い。情報の流れの促進や口添え、後ろ盾、社会的信用証として作用し、経済資本や文化資本の倍化因になるが、同時に、人間関係ネットワークをひろげ、自己増殖もする。

岩波茂雄については、「一流の人物を嗅ぎ出す直覚力」が鋭かったといわれることが多い。

岩波にそういう「直覚力がそなわっていた」ことは事実だとしても、それだけでは、本質主義（素朴人間主義）的解釈である。岩波の「直覚力」は、一高や東京帝大の同窓人脈という関係のネットワークの中で培われ、磨かれたものである。実際、原稿が持ちこまれると、岩波は、信頼するキー・パーソンに評価を仰ぐことが多かったのである。岩波茂雄の名補佐役であり、女婿だった小林勇はつぎのように書いている。

「出版社に働いている者が、皆いろいろの知識があるわけではない。むしろ何にも知らぬ連中が集まっていると思っていい。それでは出版する本の選択などどうするのだという疑問が起ると思う。そこで出版者の人柄が問題になる。出版者は謙虚で誠実でなければならない。利益追求をしてはいけない。こういう基本的なことを守っていれば、たとえ自分に知識学識がなくても人が助けてくれる。優れた人の意見を引出し実行さえすれば、あらゆる分野に秀れた顧問友人が出来る。

岩波茂雄はそういう条件をもった人であった。私は若い時からおぼろげにそう考えていた」（塩沢実信、前掲論文より再引用）

『雄弁』をめぐるイフ

ここでつぎのようなイフを想定してみよう。野間清治は、岩波茂雄にさきだって、東京帝大の人脈の中で『雄弁』を刊行したから、講談社が教養主義文化エージェントあるいは左翼系出版社となる可能性もなかったわけではない。そこまでいかなくとも大正中期の総合雑誌の時代の流れに棹《さお》さして『雄弁』が『中央公論』や『改造』のような総合雑誌化する可能性は十分ありえたのである。

というのは雄弁青年は、文学青年や哲学青年、社会主義青年と重なる部分が多かったからである（井上義和「文学青年と雄弁青年」『ソシオロジ』第四五巻三号、二〇〇〇年）。重なる以上に「一高に於て思想の中心点は弁論部にあります」といわれたほどである。こう述べる論者は、「といふ意味は最も多く種々の思想がそこに発表されるといふ意味です。（通常校友会誌がこの点に最有力な役割を持ちますが、一高の校友会誌は已《すで》に十年以前から極めて局部的なものになつてゐます）」（越路ふるさと「一高生活の思想的方面」『中学世界』第二三巻三号、一九二〇年）と続けている。倉田百三や河合栄治郎、矢内原《やないはら》忠雄（一八九三―一九六一）は旧制高等学校のときに弁論部に所属する雄弁青年だったのである。

そして雄弁青年が壇上で説くテーマも友情や奉仕、信仰から民主主義や労働問題になっていった。したがって、初期の『雄弁』には吉野作造（一八七八―一九三三）や蠟山政道《ろうやままさみち》（一八九五―一九八〇）などはいうまでもなく、堺利彦（一八七〇―一九三三）や大山郁夫《いくお》（一八八〇―一九五五）などの社会主義者の「唯物史観と其批評」のような論文が掲載されていたことは不思議ではない。その意味では、『雄弁』の総合雑誌化とそれをつうじての講談社の岩波文化化の可能性はあったのである。

しかし、野間は『雄弁』の記事が左傾化することを好まず、弁論専門誌に回帰させた。他方で講談社を設立し、大衆的な『講談倶楽部』の創刊（一九一一年）に力をいれ、講談社文化色を鮮明にすることによってこの可能性は閉ざされた。

『雄弁』は、大正時代半ばまでは帝大生や高校生などに読まれていたが、それ以降、学歴エリートには読まれなくなる。専門学校生にもあまり読まれていない。『雄弁』は、文学青年や哲学青年、社会主義青年との繋がりを切って、『キング』などとともに青年団員などの学歴ノン・エリートの雑誌となっていった。弁論と弁論部が知的青年の営為や住処《すみか》でなくなりはじめるのは、このあたりの切断に端を発している。

社会的軌道・資本・ハビトゥス

師範学校卒という社会的軌道と臆面《おくめん》なき庶民的ヴァイタリズムの権化の野間清治からは、岩波書店のような出版社は生まれなかっただろう。仮に生まれたとしても、成功したかどうか大いに疑問である。

野間は岩波と同じように帝大人脈をもっていた。そのかぎり野間と岩波では社会関係資本上での違いはなかったかもしれない。ピエール・ブルデューのいうように、実践は、計算の上にしか存在しない抽象的・非実在的な観念である「利益の平均的なチャンス」に依存するのではなく、行為者ないし行為者集団が持ち合わせる「彼ら特有のチャンス」に依存しており、このチャンスは、それを「我が物にする道具と解される自己の資本に相関的」（傍点竹内、『実践感覚』1）ではある。

しかし、野間は師範学校卒であり、岩波が一高中退、帝大選科修了生だったという所属集団の違いは、帝大人脈という量と質において同等の社会関係資本であっても、その運用のしかた、つまり収益率に大きな差をもたらす。野間はみずからの社会的軌道と資本、ハビトゥスに開かれた客観的機会を理のある事業、つまり岩波文化ではなく、講談社文化にすることによって成功したのである。これに対して、一高という学歴貴族空間で煩悶青年の時代をすごした岩波茂雄に庶民文化に照準を合わせた講談社は考えにくい。岩波茂雄に講談社文化が理のある事業ではなかったことは、野間清治に岩波文化が理のある事業でなかったことの裏返しである。

ポジション効果

しかし、岩波書店の成功は、岩波の社会的軌道や社会関係資本、ハビトゥスだけによるも

岩波書店店主室に掲げられた「五箇条の御誓文」の前に立つ岩波茂雄（岩波書店蔵）

のではない。編集の小林勇や長田幹雄、経理の堤常などすぐれた人材にめぐまれたことだけによるものでもない。岩波の絶妙なポジション効果を抜きにはできない。岩波が一高を中退し、東京帝大文科大学選科修了だということが大事である。

学歴貴族の仲間でありながら、周辺（中退、選科）でもある。こうした境界人ポジションは、岩波と執筆者の間に了解圏と距離化の二重性をもたらした。この二重性こそが岩波文化の成立にとって重要である。（了解圏の中での）距離化によって、岩波の執筆者への配慮と尊敬心を豊かなものにする。しかも了解圏にあることは、執筆者への配慮と尊敬心の文化内在性を保証する。岩波は、若い学者の前で、膝をそろえ汗をふきながら熱心に研究をまとめてくれることを依頼した。「その姿は立派であり、今も忘れ難い」と、ともに編集にたずさわった人々が、懐かしく回想するほどのものだった。

評論家浦松佐美太郎《うらまつさみたろう》も岩波についてこんな逸話を書いている。東京商科大学左右田喜一郎《そうだきいちろう》（一八八一―一九二七）教授の哲学の集中講義に、坊主頭に和服姿の岩波茂雄が毎回きちんと出席していた。講義は難解で、脱落者が出たが、岩波は三日間とも熱心に受講していた。当時、受講している学生の間にあの年配の者は誰か、難解な授業がわかるのだろうか、よほど物好きなのか、などという噂が飛んだ。のちに浦松は岩波と知り合いになって、このときのことを尋ねてみた。

「私は、岩波さんに、あの下の教室で左右田さんの特別講義があったとき岩波さんが熱心に聴講していられるのを見かけたが、岩波さんはああした学問に興味があったのですかと尋ねた。そしたら岩波さんは、いやぼくには講義の内容はよく解らなかったんだが、左右田さんは自分の尊敬する学者であり、左右田さんの本は自分の店から出版させてもらっている。その出版社の主人として、尊敬する著者の講義を聞き、その人格に接するのは義務だと思って毎日通ったのだと答えられた。私はこのとき岩波茂雄さんは好い人だと思った」（「岩波茂雄さんのこと」『図書』一九五七年一〇月号）

こうした岩波と執筆者との関係性は、文化資本の経済資本への直截な交換の遮蔽幕《しゃへいまく》となる。

岩波は「金儲《もう》けがうまい」などといわれると、本気になって腹を立てた。「金儲けを目的としなかったが、金は儲かった。しかし生活は実に簡素であった」(「岩波茂雄　編集者の回想録二八」『図書』一九五三年四月号)。純粋な知を追求することで象徴的利益を得る文化貴族たちにとって単なる商人でも単なる文化人でもない岩波茂雄が必要だった。そのかぎり、岩波の境界人的学歴はこれ以上であっても以下であってもいけなかったのである。

文化財として尊重

では岩波文化の特質はどのようなところにあったのだろうか。これについては、一九三六年に発表された思想家戸坂潤《とさかじゅん》(一九〇〇—四五)の「漱石=岩波文化」論が大変鋭い指摘をしている。

戸坂はつぎのようにいう。漱石は天才ではなく、秀才である。秀才文化が教養である。秀才文化は、既存文化の享受者か、せいぜいが批判的享受である。破壊的・再構成的ではない。したがって漱石=岩波文化は、「既存文化の高水準」として尊重される。そういう意味で、漱石=岩波文化こそは教養主義文化である。戸坂は、さらにこう続ける。岩波書店の出版活動は、大きくみれば、反動的ではなく進歩的である。しかし、岩波書店の活動について進歩的か、反動的かという軸でみてはその特徴はつかめない。

「岩波出版物のねらっている点は、（中略）それ（進歩的か反動的か—竹内註）より先に、文化一般という抽象物についてその水準が如何に高いか、ということにあるのだ。
岩波書店がマルクス主義にぞくする名著を出版するとすれば、それはマルクス主義思想の真実という資格を買ったのではなくて、その文化財としての価値を買うからに過ぎぬ。如何に愚劣な思想内容のものでも、文化的な威容さえ持てば（例えば学殖・学界常識・既成文化圏内の文化的好み・文化的テクニックの発達等）一つの文化財として尊重される。——かくて岩波臭という一つの好みが、芸術や哲学や社会科学や自然科学の内にさえ発生しているわけなのである」（傍点竹内、「現代に於ける『漱石文化』」）

戸坂のこのような言明が外部のマルクス主義者であることによる偏った指摘でないことは、一九二五年ころから編集にたずさわり、三七年に正社員となった岩波書店の内側の人物である吉野源三郎（一八九九—一九八一）によるつぎのような言明と照合することによって納得されるだろう。吉野は、戦前の岩波文化をつぎのように総括している。

「岩波書店の出版は幅が広く、著者の数が多く、思想の系統から見ても多種多様で、マルクスから野呂《のろ》栄太郎《えいたろう》までのマルクス主義者とその著書も含まれていたし、岩波さんはそれを文化の中にいれていたとはいえ、全体としてのその『文化』の性格には、政治や経済に対する蔑視——もしくはそれに対する超然たる態度——があった。史観として見れば、歴史の意味

を文化を中心に考える文化史観が支配的だったように思われる」（「創刊まで」『世界』一九六六年一月号）

戸坂と吉野は、岩波文化の核心部分を、それぞれ「文化財としての価値を買う」（戸坂）、「文化史観が支配的だった」（吉野）と総括しているが、ともに文化主義という岩波文化の特質を指摘しているのである。

自由党左派の雑誌

『世界』を顔とした戦後の岩波書店の出版活動や、岩波知識人の別名が進歩的文化人であることを知っている読者は、戸坂のさきの指摘――岩波書店の活動について進歩的か、反動的かという軸でみてはその特徴はつかめない――に違和感をもつかもしれない。

『世界』の編集長吉野源三郎を組織者とした平和問題談話会（四八年創立）は、清水幾太郎や丸山眞男、都留重人《つるしげと》（一九一二―）などを中心に積極的な政治活動をおこなった。かれらは『世界』を舞台に岩波書店を牙城《がじょう》にして、安保闘争まで、進歩的勢力の大きな陣営を担った。岩波文化と岩波知識人は、マルクス主義者かそのシンパである進歩的文化人の代名詞だった。しかし、岩波的進歩的文化は最初から、「正統派」マルクス主義知識人である日本共産党系知識人と距離をおいていたのである。このことを説明するにはいくらかのまわり道をしなければならない。

そもそも『世界』は、安倍能成、志賀直哉（一八八三―一九七一）、山本有三（一八八七―一九七四）、和辻哲郎、田中耕太郎（一八九〇―一九七四）などのオールド・リベラリストが中心となった文化団体「同心会」の協力で発行された。『世界』という名称も同心会のメンバーである谷川徹三（一八九五―一九八九）の提案によるものだった。

創刊の年（一九四六年）に津田左右吉《そうきち》（一八七三―一九六一）を執筆者としたのもそうした当初の『世界』色を象徴する選定だった。ところが完成した津田の「建国の事情と万世一系の思想」の原稿を読んだ吉野源三郎を中心とする編集部は、色をなした。この論文が天皇制擁護論として受け取られ、物議をかもす事態を憂慮した。著者津田の諒解《りようかい》のもとに「津田博士『建国の事情と万世一系の思想』の発表について」という編集部起草の原稿を同時掲載した。津田論文は、皇室擁護論であっても天皇制擁護論ではないという弁解記事だった。左派からは、「反動的な」原稿を没にしないで、掲載する姿勢を批判される。右派からは、編集部が余計な真似《まね》をするといって、これまた批判された。だから『世界』は、当初は左派から、「金ボタンの秀才の雑誌」とか「自由党左派の雑誌」といわれていたほどなのである。

バランス

したがって『世界』のこうした立場は、日本共産党からは批判の的だった。『世界』編集部員には、日本共産党員の塙作楽《はなわさくら》がいた。塙は丸山眞男と東京府立一中、一高で同級生だった。丸山は一高卒業後、東京帝大法学部に進学するが、塙は、丸山と一緒に法学部を受験するも失敗。丸山より二年遅れの一九三六年、東京帝大文学部東洋史学科に入学している。『世界』一九四六年五月号の巻頭論文となり丸山眞男の鮮烈な論壇デビューとなった「超国家主義の論理と心理」は、塙が依頼して執筆されたものである。

塙は、『世界』編集部と岩波書店をわがもの顔に闊歩《かっぽ》する（とかれが感じた）同心会のメンバーについて快く思ってはいなかった。同心会メンバーはコミュニストに遠いというだけでなく、かれらの貴族趣味と労働者や庶民を見下げる（とかれが感じた）態度を憎んだ。岩波に細胞をつくった塙は、吉野源三郎に同心会の排除を再三進言した。最後には、吉野が「（同心会メンバーの排除に）基本的に賛成する」といってくれた、と塙は書いている（『岩波物語』）。

現実にどのようなかたちで排除がなされたかは定かではない。事は案外簡単だったかもしれない。『世界』創刊時には、同心会グループは、単なる協力ではなく、自分たちの手によって雑誌をつくるのだと思っていた。とすれば、編集部の同心会メンバーに対する慇懃《いんぎん》無礼な対応だけで、気を悪くさせ、立腹させ、立ち去らせることができる。正確な経緯はわからないが、同心会グループは、武者小路実篤《むしゃのこうじさねあつ》（一八八五―一九七六）を代表とした生成会をつくり、一九四八（昭和二三）年七月、雑誌『心』を創刊した。塙の思惑どおり、オールド・リベラリストと『世界』とが分離した。ところが、同心会グループの切り離しだけで事態は終わらなかった。塙の『世界』編集部からの追放も加わった。塙は書いている。「私（塙―竹内註）は、一九四八年の秋、『世界』編集部を離れました。正直いうと、『追われました』といった方が正しいかも知れません」（『岩波物語』）と。

四八年秋は、同心会グループが『世界』から離れた直後である。この時間的近接を考えれば、吉野源三郎は、同心会グループを切り離すと同時に、排除に熱心だった塙からも、ということは、かれの背後の「正統派」マルクス主義集団である日本共産党からも距離をとったということになる。

吉野は、塙に「コミュニストだけで現在の日本が救われるなんて考えたら間違いじゃないか」としゃべっており、共産党とはいくらかの距離を置いていた。労農派マルキストの大内《おおうち》兵衛《ひょうえ》（一八八八―一九八〇）とも親しかった。そこらあたりのことを考えれば、この間の吉野の行動も理解しやすい。したがって、平和問題談話会が発足し、『世界』が講和問題の特集号（「世界平和と講和の問題」一九五〇年四月号）を刊行しても、日本共産党からは、「硝子

表4－2　マルクス主義関係書籍の出版をめぐる時差

著者	岩波文庫	他社刊行	時差
マルクス	資本論/河上肇、宮川實訳、1927	大鐙閣、1920	7
	労賃・価格および利潤/河上肇訳、1927	弘文堂書房、1924	3
	賃労働と資本/河上肇訳、1927	弘文堂書房、1923	4
	哲学の貧困/木下半治、浅野晃訳、1930	弘文堂書房、1926	4
	フランスに於ける内乱/木下半治訳、1935	希望閣、1931	4
エンゲルス	住宅問題/加田哲二訳、1929	同人社、1928	1
	反デューリング論：オイゲン・デューリング氏の科学の変革/長谷部文雄訳、上巻、下巻、1931—32	弘文堂書房、1927	4
	家族、私有財産及び国家の起源/西雅雄訳、1929	有斐閣、1922 れしな荘、1922 白揚社、1927	7
マルクス＝エンゲルス	フォイエルバッハ論/佐野文夫訳、1929	同人社、1925 同人社、1928	4
レーニン	何を為すべきか/平田良衛訳、1930	白揚社、1926 弘文堂書房、1929	4
	カール・マルクス　他5編/伊藤（大塚）弘訳、1933	社会思想社、1925 同人社、1927 中外書房、1931	8
	唯物論と経験批判論/佐野文夫訳、上、中、下、1930—31	レーニン著作集刊行会、1927 平凡社、1928 白揚社、1929	3
	レーニンのゴオリキーへの手紙/中野重治訳、1935	叢文閣、1927	8
カウツキー	資本論解説/大里伝平訳、1933	大鐙閣、1920 而立社、1924 改造社、1927	13

（出所）国立国会図書館　NACSIS-IRより作成

箱入りの現実性に乏しい運動」とか、「戦争と平和に中立があるか」などという批判があいついだ。岩波書店を中心とした進歩的文化は、リベラリズムと「正統派」マルクス主義との間の微妙なバランスによっていたのである。

時差

微妙なバランスといえば、戦前における岩波書店のマルクス主義関係書物の出版についてもいえる。

三木清（一八九七―一九四五）が第三高等学校講師から法政大学文学部哲学科主任教授になり、岩波書店の編集に参加したのは、一九二七（昭和二）年七月である。岩波文庫の「読書子に寄す」という発刊の辞――「真理は万人によって求められることを自ら欲し、芸術は万人によって愛されることを自ら望む。（中略）今や知識と美とを特権階級の独占より奪い返すことはつねに進取的なる民衆の切実なる要求である（後略）」――は、三木清の手になるものである。さらに三木の強い意見によってマルクスの『資本論』翻訳は岩波文庫の第二回配本となった。一九二七（昭和二）年である。また三二年五月から三三年八月にかけて、『日本資本主義発達史講座』全七巻が刊行される。

しかし、岩波書店の出版物に占めるマルクス主義関係の書籍の割合は多いとはいえない。左翼系出版の本舗は雑誌『改造』をもった改造社や弘文堂、白揚社などのほうだった。

しかも、岩波書店が刊行した左翼系書籍も岩波書店が初めに出版したわけではない。岩波書店は、すでに、大正時代にプレハノフ（恒藤恭訳）『マルクス主義の根本問題』（一九二一年）を出版しているが、本格的なマルクス主義関係の翻訳の出版は、一九二七年になって『マルクス　資本論第一巻第一分冊』や『賃労働と資本』などによってである。しかし、いずれも弘文堂など他の出版社から数年前に刊行されている。表4-2は、マルクス主義関係の岩波文庫で発禁となったものを中心に同一書が他の出版社でいつ刊行されているかをみたものである。表の右端欄は、他社の刊行年から比べての岩波文庫の遅れ年数を示している。マルクス主義関係の岩波文庫のほとんどは、他社によって刊行されてから数年あとの刊行なのである。

一九三二（昭和七）年にはじまった『日本資本主義発達史講座』全七巻の刊行でさえそうである。この講座の中心人物の一人である野呂栄太郎（一九〇〇―三四）は、すでに一九二七年、新潮社刊行の『社会問題講座』に「日本資本主義発達史」を書いている。この年、河上肇・大山郁夫監修の『マルクス主義講座』の刊行が上野書店（マルクス主義講座刊行会）ではじまっている。さらに野呂栄太郎は、一九三〇年に『日本資本主義発達史』を鉄塔書院から出している。鉄塔書院は、さきほど触れたが、岩波の片腕だった小林勇が社内争議の責任をとって退社し、興した出版社である。小林は数年のち岩波書店に戻っている。『日本資本主義発達史講座』の編集の中心になった平野義太郎《よしたろう》（一八九七―一九八〇）や山田盛太郎《もりたろう》（一八九七―一九八〇）もすでに改造社などからマルクス主義理論にもとづく著書をだしていた（『法律における階級闘争』『再生産過程表式分析序論』など）。『思想』にマルクス主義についての論文が掲載されたのは、三木清「人間学のマルクス的形態」（一九二七年六月）が最初であるが、野呂栄太郎をはじめとするマルクス主義関係の論文が頻繁に掲載されるようになるのは、第二期の『思想』（一九二九年四月）からである。

正統化の相互依存

このひと呼吸は文化界の中でマルクス主義が認証されるまでの時差《タイムラグ》である。岩波文化の微妙なバランス感覚を時間に投影すると、ひと呼吸の間となる。このひと呼吸の間こそ、岩波文化を単なるジャーナリズム以上のものに押し上げる力だった。3章で使用した用語でいえば、マス文化界ではなく、マス文化界（ジャーナリズム）と純粋文化界（アカデミズム）の中間領域である民間アカデミズムの位置を得たものである。

文化の生産者を対象とし、公衆と公共圏を創出する純粋文化界は、正統的正統化の市場であるのに対し、文化の消費者を対象とし、既存の公衆と公共圏によって創られるマス文化界は大衆的正統化の市場であるが、岩波文化はその中間領域にポジショニングをすることによって民間アカデミズムの地位を獲得した。

このことは、岩波文化が官学アカデミズムの正統性を借用したということではない。事態は重層的である。そもそもアカデミズムにしてもジャーナリズムにしても、存立が恣意的であるがゆえに、みずからがみずからの正統性を生み出すことはできない。他の行為主体によって是認・認証される正統化の相互依存が必要である。正統性認定力という信用貨幣の最終

図4－1　正統化の相互依存と界の生成

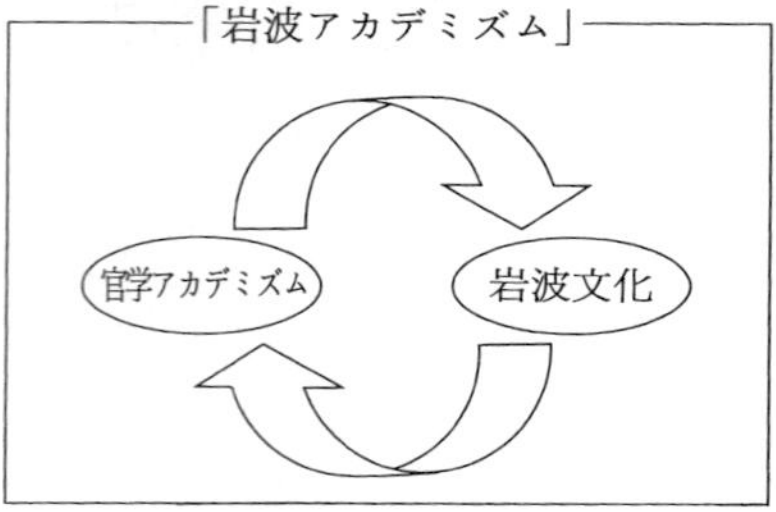

的保証機関を「一種の中央銀行とでも言うべきもののうちに求めても無駄である」（ピエール・ブルデュー『芸術の規則』II）。信用貨幣の生産と流通のネットワークの内側にもとめなければならない。言いかえれば、行為主体を正統化の審級ヒエラルキーとしてみるだけでなく、行為主体間の正統性をめぐる相互依存／客観的共謀という視点が必要である。後者の視点から岩波文化をみればつぎのようになろう。

岩波文化は、東京帝大教授や京都帝大教授の著作を出版するということで、官学アカデミズムによって正統性を賦与された。しかし、逆に、官学アカデミズムはみずからの正統性を証明するために民間アカデミズムである岩波文化によりかかった。官学アカデミズムの業績は岩波書店での書籍刊行によって正典化したからである。また諸外国の作品の古典・正典化は、岩波書店刊行の翻訳をつうじて制度化された。岩波文化と官学アカデミズムは、文化の正統化の「キャッチボール」をすることでそれぞれの象徴資本（蓄積された威信）と象徴権力を増大させていったのである。増幅の結果、図4－1にみることができるように、官学アカデミズムと岩波文化を統合した岩波アカデミズム、つまり広義の岩波文化界が編成された。

　漱石門下の森田草平《そうへい》（一八八一—一九四九）の岩波文化についてのつぎのような叙述は、官学アカデミズムと岩波文化の正統化のキャッチボールとして読むことができるだろう。「日本は後進国だけに、何から何まで西洋の模倣である。さうなると、民間人よりも政府の金で学問をして、政府の金で洋行して来た大学の教授連の方が、大体に於て優れてゐた。その著作もそれだけ信用が置けるのである。で、この著者の信用と岩波書店の信用とが相俟《あいま》つて、本は岩波でなければならない、岩波から出た本でさへあれば、何でも信用されるといふやうなことになつてしまつた。各大学、高等学校の学生がさう思つてゐるばかりでなく、正規の学業を踏み得ないで、しかも読書をせずにゐられないやうな、篤学な民間の青年までがさう思ふ——いや、さういふ青年の方が一層深くそれを信じ込んで、恰《あたか》も岩波書店が一個の私設大学でもあるかのやうに思ふやうになつた」（『私の共産主義』）

　戦前の岩波文化は、国家主義の風潮とは一線を画していたが、同時にマルクス主義に対しても慎重な姿勢、さきに触れた戸坂潤の言葉でいえば、「マルクス主義思想の真実という資格を買ったのではなくて、その文化財としての価値を買うからに過ぎぬ」という姿勢をとっていた。そうした姿勢は、正統的正統化のポジション取りを目指す岩波文化のメカニズムそのものであった。

主義の宣伝にはあらず

岩波茂雄が戦争中、明治天皇の「五箇条の御誓文」を記した大きな紙を自分（店主）の部屋に飾っていたことは有名である。とくにその中の「智識ヲ世界ニ求メ、大ニ皇基ヲ振起スベシ」を愛唱していた。「五箇条の御誓文」にのっとって先進国の知識を国内に配達することを重要な使命と考えた。『日本資本主義発達史講座』の刊行についても、つぎのようにいっている。

「私はマルキストでも共産主義者でもないが、日本国民を大国民にするためにはその思想を世界的ならしめねばならぬと強く考えていた。封建制度のもとで井底《せいてい》の蛙《かわず》のように育成されて来たこの偏狭な国民に、人類思想界の一潮流とすべきマルキシズムを紹介することは絶対に必要であるということを信じて、主義の宣伝でなく飽くまで学問的、研究的にするならばお申し出でを受け容れたいと答えた」（傍点竹内、「回顧三十年」『出版人の遺文』）

この言葉が軍国主義時代の奴隷の言葉ではなかったことは、『世界』の創刊に際しての言葉（「『世界』の創刊に際して」一九四六年一月号）でもくりかえされることにみることができる。そこでは、大義名分なき戦争を食い止めることができなかったことへの率直な反省がなされているが、そのあとに明治天皇の御誓文の精神に生きることが、新日本建設の原理にな

表4－3　岩波書店の刊行物における翻訳書の割合

年度	全体の冊数	翻訳書（外国語書＊も含む）	％
1913〜1926 （大正2年〜15年）	545	133（7）	24.4
1927〜1935 （昭和2年〜10年）	1925	609（1）	31.6
1936〜1944 （昭和11年〜19年）	2161	701（10）	32.4
1945〜1954 （昭和20年〜29年）	2398	877（3）	36.6
1955〜1964 （昭和30年〜39年）	2736	1058（2）	38.7
1965〜1974 （昭和40年〜49年）	2322	809（3）	34.8
1975〜1984 （昭和50年〜59年）	3483	1030（12）	29.6
1985〜1993 （昭和60年〜平成5年）	5259	1021（8）	19.4

（出所）『岩波書店八十年』岩波書店、1996より作成
＊（　）内

らなければいけないとされている。このたびの戦争への突入は、文化の世界的水準が低かったからだともされる。岩波はみずからを文化の「配達夫」や「散水夫」といったが、それは卑下でありながら、十分な自負がこもっていたのである。では、岩波書店はどのような文化を配達したのだろうか。

翻訳書の割合

表4－3は岩波書店の刊行図書の中に占める翻訳書の割合を、開業の年である一九一三（大正二）年から一九九三（平成五）年までについて、約一〇年単位で該当年度の刊行数と翻訳書数、全体の刊行数に対する翻訳書の割合について、集計したものである。

翻訳書の割合は年度ごとにばらつきがあるものの、一九二一（大正一〇）年には四五パーセントにもなっている。一年間の刊行数が一〇〇冊を超え、岩波書店と岩波文化が確立した昭和初期（一九二七—二九年）にも出版物の四〇パーセント以上が翻訳書である。一九三五年以後の国粋主義時代になっても三〇—四〇パーセントで、翻訳書の割合が減っていない。一九四〇年代になると、時節柄、『一軍人の思想』（ゼークト）や『軍隊の服従と偉大』（ヴィニー）などの翻訳書が刊行される。しかし、翻訳書のなかで時局ものは少数である。この時期においてもゲーテ、ロマン・ロランなどの翻訳が主流を占めた。翻訳書の割合が大幅に低下するのは戦争終結前の最後の二年間にすぎない。それでも、二三パーセント（四三年）、一六パーセント（四四年）である。

対象を一九二七（昭和二）年創刊の岩波文庫に絞って、そこに占める翻訳書の割合を同じように追跡してみよう。岩波文庫を刊行時で前期（二七—三四年）と後期（三五—四四年）に分けて比較してみる。後期は、軍国主義の時代で、国粋主義が唱道される時代である。ジャンル別部数でみると、日本思想は、前期三・六パーセントから後期六・七パーセントとさすがに増えている。また歴史・地理で日本を対象にした日本人による著作が新たに七冊出版されている。こうした領域では、国粋主義と同調した日本化の傾向をみることができる。

しかし、全体としての外国偏重は変わらない。岩波文庫全体のなかでの日本文学と外国文学の比較をしてみると、前期、三五パーセント（日本文学）と三四パーセント（外国文学）、後期、二七パーセント（日本文学）と四四パーセント（外国文学）。むしろ後期に外国文学の割合が増えている。日本人著者の割合は、前期四二パーセント、後期四〇パーセント。一九三五年以後に外国人著者の割合は、わずかであるが、増えている。しかも外国一般ではなく、欧米にかたよっていた。前期と後期を合併して集計すると、アメリカ、イギリス、フランス、ドイツ、オーストリア、スイス、スペイン、イタリア、ギリシャ、ロシアの著者で実に半分以上の五五パーセントを占めている。日本は四〇パーセントである。アジア（朝鮮、中国）は二パーセントでしかない。そしてこの場合も、前期よりも後期に欧米先進国の著者が五三パーセントから五六パーセントに増えている。

学問ヒエラルキーの反復

岩波文化における欧米書籍の翻訳文化偏重は、官学アカデミズムの学問ヒエラルキーとも共振していた。

わたしは、前著（『大学という病』）で、戦前の東京帝大経済学部の教授たちの抗争と軋轢《あつれき》を分析したが、そのとき、当事者である教授たちの学問的業績である論文についても、『経済学論集』や『経済学研究』などにあたってみた。「リカアドオの貨幣理論と貨幣制度論」

のような欧米の経済学者の学説研究か、「仏国の再保険官営案の顚末」といった欧米の経済事情の紹介ないしは受け売りといってもよいような論文が大半を占めている。日本経済についての実証的研究は少ない。中間階級の研究でさえ、しばしば、欧米の中間階級理論の紹介や実証的研究の紹介である。こうした学風の弊については、当時の官学教授でさえつぎのようにいっている。

「日本の経済学が生れて既に半世紀になるであらうが、それは英国の古典学派の直訳でなければ、独墺の経済学の輸入に過ぎなかつた。古典学派が自国の経済社会に適応しない事を知つてドイツに歴史学派がたい頭したやうに、日本にも、日本の経済社会に適応する現実な理論を構成しなければならぬと叫ばれ始めてから既に余程の年が経つた」（傍点竹内、本位田祥男「土方教授の力著『日本経済研究』」『東京朝日新聞』一九二八年六月二二日）

経済学者高田保馬も日本の経済学における「紹介第一主義」「訓詁《くんこ》註釈第一主義」の学風の惰力を慨嘆していた。そんななかでたまたま「創意立説」の学者がでても、「蟷螂《とうろう》の名の下に斥《しりぞ》け去られるか」、古い学説との連関を指摘して「陳腐」と嘲笑する学界の風潮を「不毛」であり「荒野」である、と激しく非難（「理論経済学の不振」『経済往来』一九二八年七月号）していた。

そうなったのは、官学アカデミズムにおいては、欧米の学説研究がもっとも威信が高く、つぎが欧米の実証的研究の紹介で、日本社会についての実証的研究はもっとも威信が低かったからである。日本産の社会科学理論などは、高田保馬のいうように、「蟷螂の斧」か「陳腐」な紛い物とされがちだった。

かくて欧米学者の学説研究と欧米事情の紹介研究は、帝大教授を中心とした官学教授が担い、私学教授が日本社会の実証的研究をするという学問ヒエラルキーにもとづく、棲《す》み分けさえあったのである。このような学問ヒエラルキーは、つい最近までの日本の社会科学を中心とした領域で持続してきた。岩波文化（翻訳書重視）と官学アカデミズム（学説研究と外国事情重視）は、学問のヒエラルキーについても、相互共振しながら正統化のキャッチボールをしていたのである。

5章　文化戦略と覇権

鹿鳴館

どろ臭い生まれ故郷

前章でみたように、教養主義の精髄は西欧文化志向である。そして、3章の文学部生の身体とハビトゥスでみたように刻苦勉励的農民的エートスにささえられたものだった。教養主義の輝きは農村的なエートスを前提にしながらの飛翔感であった。フランス文学者新関岳雄《にいぜきたけお》が自身の旧制山形高校の世界を描いたつぎのような叙述がそのあたりの事情をよく伝えている。

「私にとって『教養主義』というと思い出されるのは旧制高等学校のあのにおいである。黒板にむぞうさに教授が書かれる×××カイトといったドイツ語の羅列。それはどろ臭い私たちの生まれ故郷とは全く根本的に飛び離れた宏遠《こうえん》な世界を暗示したし、そしてそれを書く教授はいかにも着慣れた和服とはかまの姿であった。そして語られるゲーテ・シュニッツラー・ニイチェの話を聞くと、何か自分はしんき臭い父母や縁者を去って全く自由な美しいコスモポリタンの世界で学芸にいそしんでいる感じになるのだった。数日後、漱石の書簡集などをふと読む。すると、なんとあの教授が漱石から手紙をもらっているのだ。そして図書室の夏の午後はしんと静まり返り、その書棚にはいかにもアカデミックな『ソクラテスの弁明、クリトン』とか『芭蕉俳句研究』とか小さいしゃれた『游欧《ゆうおう》雑記』の本などがある。それは犯すべからざる権威と、ある静かな自信に満ちた微笑でこちらに呼びかけてくる。私はさきほどのドイツ語のほてりがまだ残っている頭でその本に手をさし伸べる——そうしたなつかしいようなてれ臭いような過去が『教養主義』ということばとともにまざまざと浮かび上がってくるのである」（『光と影——ある阿部次郎伝』）

近代日本の知識人文化である教養主義は「どろ臭い」「生まれ故郷」や「しんき臭い父母や縁者」を後背地とし、そこからの距離によって芳香を放った。そのことがよくわかる叙述である。

教養主義と修養主義

教養主義は「修養主義」が内包していた人格主義をオリジンにしているというのが社会学者筒井清忠の知見（『日本型「教養」の運命』）である。大正教養主義のイデオローグである阿部次郎の著作にも「自分は自ら修養することによつて、Sowohl-als auch のこの途を進んで行くことが出来ることを信じてゐる」（傍点竹内、『三太郎の日記』）のように、「修養」という言葉が出てくる。

修養とは修身養心、つまり身を修め心を養うことである。克己や勤勉などによる人格の完成を道徳の中核とする精神・身体主義的な人格主義である。修養主義は、江戸時代中期から民衆の間に形成された勤勉や倹約を徳目とする通俗道徳的生活規律などをパン種にし、明治後期から庶民を中心にひろがった。つい最近までは、年輩の人は「修養」あるいはその同類語である「修業」という言葉をよく使っていた。自営業主などは店員に床掃除をさせ、「ちゃんとやるのだぞ。修養(修業)だからな」と叱咤《しった》激励していたし、自分のことも「修養(修業)がまだまだ足りない」などといって反省したりもしていた。

教養主義は西洋文化の崇拝を核にしたからバタ臭くはあったが、修養主義と同じく勤勉を底礎にした鍛錬主義だった。したがって、教養主義は、必ずしも成熟した都市中流階級のハイカラ文化とはいえなかった。むしろ田舎式ハイカラ文化とでもいうべきものだった。

文化格差・衝撃・ひけめ

教養主義の輝きを、農村を後背地としながら、そこからの広闊な世界への飛翔感にあると述べた。だが、戦前において都市と農村の文化格差がどのようなものだったかは、いまとなっては想像しにくいものである。文化人類学者祖父江《そふえ》孝男の筆を借りてみておこう。

祖父江は一九三五(昭和一〇)年ころの都市と農村の姿を生き生きと描いている。祖父江の父親は東京の下町で医院を開業していた。往診用に当時としては珍しい自家用車があった。休みのときには家族で関東各地にドライブしていた。祖父江はそのころ小学校低学年であったが、よく憶えているのは、田舎道の両側に並んでいる貧しい農家の姿である、という。障子はビリビリに破れ、黒く煤《すす》けた紙が垂れ下がっていた。車を止めると、泥だらけの顔をし、鼻をたらした和服の子供が駆け寄ってきた。洋服を着た家族を頭の先から足の先までただもう眺めまわしたのである。

このころの村の子供たちからみれば、「都会人は遠く離れた別世界からやって来た、顔かたちも服装も異なった、外国人のごとき存在だったのであろう」。また当時、家にいた女中さんのことも書いている。彼女たちはランプと井戸水で生活していた農村からやってきたから、電灯や水道、電話の扱いに慣れるのにかなりの時間を使った（『日本人はどう変わったのか』）、と。ついこの間まで都会と農村の間には、祖父江が描いたような大きな経済的文化的格差があった。

小説『三四郎』では、熊本から上京した三四郎が、東京で、「電車のちん〳〵鳴る」音やビジネス街の「丸の内」、また、つぎつぎと壊され、建設されつつある「大変な動き方」に驚く。「今迄の学問は此《この》驚きを予防する上に於て、売薬程の効能《こうのう》もなかつた」とされ、驚くという言葉と田夫野人臭の自覚が対になって出てくる。驚くだけではない。本郷文化圏の人々から絵画や建築物の感想を聞かれても、三四郎は、語彙《ごい》と統辞法の欠如によって、どちらがよいかも、どのように答えてよいかもわからない。「趣味の柔らかい権力が『田舎者』三四郎の感性に浸透していくのである」（佐藤泉「『三四郎』――語りうることのあかるみのうちに」『漱石研究』二号、一九九四年）。

地方人の東京での文化衝撃は、なにも明治時代だけのことではなかった。昭和戦前期はいうまでもなく、一九六〇年代前半までは、地方人が上京したときには、都会の建物や人ごみの多さに「驚く」だけではなかった。都会人の言葉づかい、服装、知識、通ぶり、機知、洗練さという「趣味の柔らかい権力」に晒《さら》され、「ひけめ」を感じ、わが身を振り返り自信を失うのが常だった。

したがって、こうした時代の農村の若者にとって、高等教育に進学して、「インテリ」になるというのは、単に高級な学問や知識の持ち主になるというだけではない。垢抜《あかぬ》けた洋風生活人に成りあがるということでもあった。インテリといわれる人の家には難しそうな本や雑誌とともに、洋間があり、蓄音器とクラシック・レコードがあった。紅茶を嗜《たしな》み、パンを食べる生活があった。知識人の言説は、こうしたかれらのハイカラな洋風生活様式とセットになって説得力をもった。知識人が繰り出す教養も進歩的思想も民主主義も知識や思想や主義そのものとしてよりも、知識人のハイカラな生活の連想のなかで憧れと説得力をもったのである。経済的に貧しく、文化的に貧困な農村を「地」にして図柄である教養知が「自由な美しいコスモポリタンの世界」として輝いた。

地方人の大胆さ

このようにみてくると、評論家村上一郎の岩波文化についての指摘が理解しやすくなる。岩波文化はエリート文化で、講談社文化は庶民文化であるという二項対立的な文化類型化は一応可能ではある。しかし、岩波文化と講談社文化を、根っこのところ、つまり文化的無意識（エートス）という視点からみると、むしろ連続性がつよかった、というのである。

さらに、村上はつぎのようにいう。日本の教養主義文化を担った岩波文化は、「翻訳文化の思惟《しい》方式」であり、「地方人の大胆さ」で「江戸や京の文化を中心とする日本人の考え方を断ち切らぬとほとんど入ってゆけない」ものである。岩波文化は「人をきたえ」「人を教育し」「人の蒙《もう》を啓《ひら》く」論理に立脚するもので、その「小僧さん版、女中さん版、おかみさん版、兵隊さん版」が講談社文化である。岩波文化は「バタくさくありながら泥くさい」ものだった。「日本型インテリほど民衆と断絶していないものはない。彼らはたんに泥くさいのではなく、共同体感覚にまみれている」、と。岩波文化は農村的なもの、そして講談社文化と切断しているようにみえて、実は通底しあっている（『岩波茂雄』）、というのが村上の岩波文化論のポイントである。

『若い人』

近代日本の教養主義文化が農村的エートスを底礎にしたものであり、都市文化、つまり村上一郎のいう江戸や京の文化とは距離があったことを別の視点からみることにしよう。昭和戦前期のベストセラー『若い人』は、どのように読まれたか、を調べてみることにする。

『若い人』は石坂洋次郎が秋田県立横手中学校で教師をしていた一九三三（昭和八）年五月から『三田文学』に連載された小説である。三七年一二月に完結する。同年、改造社から前編と後編に分けて出版され、たちまちベストセラーになった。函館にあるハイカラなミッション・スクールの高等女学校を舞台にしている。

序章でデータとして使用した『昭和十三年学生生徒生計調査』（文部省教学局）の中にある「最近読みて感銘を受けたる書籍」によって、小説『若い人』の順位を学校類型別にみることができる。『若い人』は、官公立医・薬専門学校の感銘本で五位、官公立高等商業専門学校で七位、私立大学予科で一四位、公私立女子専門学校で一七位である。ところが官公私立旧制高校では二〇位、高等師範学校では三六位である。感銘本全体の中に占める『若い人』の割合をみても、官公立医・薬専門学校で二・三パーセント、官公立高等商業専門学校で二・〇パーセントであるときに、官公私立旧制高校では、〇・六パーセントにしかすぎない。高等師範（〇・五パーセント）や帝大（〇・五パーセント）とならんで低い割合である。

教養主義のメッカである旧制高校や帝大では『若い人』が感銘本の上位に登場していないことに注目してほしい。

もっとも、ほぼ同時期の別の調査によれば、旧制高校といっても、都市上層中流階級《アッパー・ミドル》の子弟が多かった成城高校などの私立七年制高校では、『若い人』は感銘本のトップ（文科と理科の合計）に挙がっている（河合栄治郎編『学生と読書』附録）。このころの成城高校の父兄の職業構成はホワイトカラー・専門職が六五パーセントである。官公立高校ではその構成比は四八パーセントにすぎない。割合の違いだけではない。成城高校の父兄には重役などの管理職、高級官吏、大学教授などが多く、都市上層中流階級の学校である。『学生生徒生計調査』は、私立高校も含んだ数字である。私立高校を除いて、官公立高校だけに限定したら、『若い人』の感銘本における順位と割合はさらに下がるはずである。

背伸び

『若い人』がベストセラー（大衆）小説であったことが、感銘本の上位になることの障害になったのではないか、とおもうかもしれない。

しかし、ベストセラー（大衆）小説であることによって感銘本に挙げなかった、という説は説得的ではない。旧制高校生の感銘本の上位には、当時のベストセラー小説である『麦と兵隊』や『土と兵隊』（ともに火野葦平《ひのあしへい》、一九三八年）が挙げられているからである。『若い人』は、都市中流階級文化の香りが濃厚であり、そのことが（官立）旧制高校的教養主義と相容れなかったからではないだろうか。

そうであれば、つぎのような解釈さえも成り立ちはしないだろうか。小説の準主役である女子大出の橋本スミ子先生は、教養主義的（読書人的）マルクス主義感染《かぶれ》の先生である。主人公の間崎先生は奔放で妖《あや》しい魅力をもつ生徒江波恵子と橋本先生の間に引き裂かれ、右往左往するが、リベラル常識派である。間崎先生は橋本先生にいう。橋本先生の考えていることはわれわれの古い伝統を無法に虐待している感じがする、あなたのやっていること、いっていることは「草深い片田舎から都会に勉強に出た女子大学生がいつか都のハイカラな風に染まつて、淳朴《じゅんぼく》で皺《しわ》くちやな田舎の両親を、これが自分の生みの親ですと云つて人の前に紹介することを羞づかしがる、そんな軽はずみな気分のものを貴女《あなた》の古い物嫌ひの中に感じて仕方がないんです」、と。

農村的エートスからの飛翔、つまり背伸びする旧制高校的教養主義は、古いもの嫌いでハイカラを好む橋本先生に仮託され、戯画化され、冷ややかに眺められている。そんなところが旧制高校生や帝大生に受け入れられなかった……といったら、穿《うが》ちすぎだろうか。

『若い人』が感銘本の下位にあるという点では旧制高校生の感性と嗜好は高等師範学校生の

心性と相似である。高等師範学校（東京と広島）は、高等教育機関の中では、官立農業高等専門学校のつぎに農民出身の学生比率が大きい学校だった。当時の大学生の農家出身者が一〇パーセント前後であるときに、高等師範学校生では二四パーセントも占めていた。これは、旧制高校的教養主義が農村的感情を底礎にしていることを傍証するものである。

武士文化と町人文化

そこで、教養主義をハイカラや修養主義などの近代日本のサブカルチャーの中で位置づけてみたい。

図5－1　近代日本のサブカルチャー

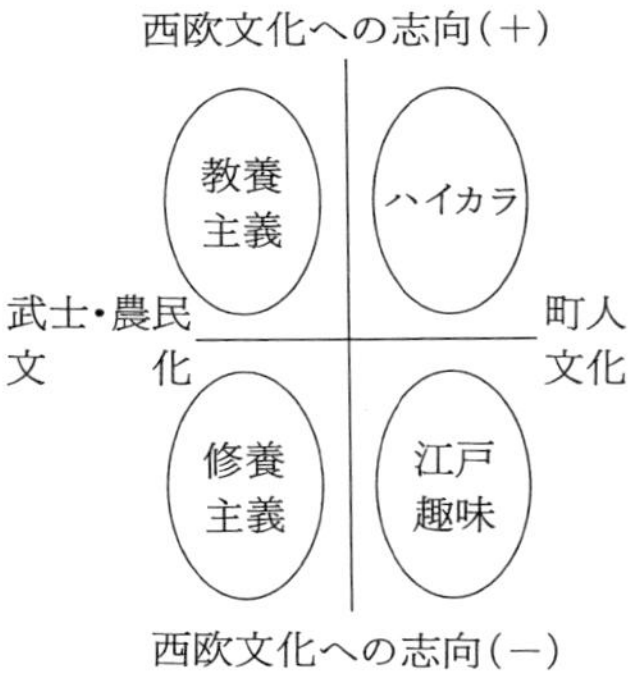

そのために西欧文化への志向の有無と武士・農民文化と町人文化とを交差させた近代日本の文化の空間を設定しよう。理念型としての武士文化と町人文化は、前者が禁欲倫理という硬い文化であるときに、後者は、現実や必要性に距離をおいた柔らかい文化である。質素で真面目な文化と贅沢と遊び心の文化といってもよいだろう。武士文化は勤勉と真面目を価値とする刻苦勉励的エートス

という点で農民文化と共通している。したがって、武士・農民文化と町人文化とを対立軸にしたのは、刻苦勉励的エートスの強弱によってである。この座標空間に、「修養」や「ハイカラ」、「江戸趣味」の社会的類型とともに「教養主義」を位置づけると、図5-1のようになる。

教養主義は、修養主義とは鍛錬主義（刻苦勉励的エートス）的な点で似ているが、西欧志向である点が異なっている。ハイカラとは西欧志向という点では似ているが、刻苦勉励的エートスの強弱でちがっている。教養主義のもっとも遠くにあるのが、町人文化で非西洋志向である江戸趣味である。江戸趣味とは浮世絵や狂歌、歌舞音曲など江戸人の趣味や嗜好、江戸人が愛《め》でた事物を反復する志向と行為のことである。着流しに前掛けで雪駄《せった》をはき、下町を愛した永井荷風《ながいかふう》（一八七九―一九五九）の嗜好とまなざしなどが代表的な江戸趣味である。

とすれば、評論家坪内祐三の永井荷風についての以下の言明も納得しやすくなる。坪内は岩波文化、つまり教養主義文化と永井荷風の作風の非親和性についてつぎのようにいう。

「(略) 岩波茂雄が大正になって岩波書店を作って、哲学叢書や倉田百三の『愛と認識との出発』などを出す。そのへんから哲学と人生論がクロスする教養主義の流れができて、ずっと昭和三十年代まで続いてゆく。だから、永井荷風なんて、そういう風潮の中ではしんどかったでしょうね」（中野翠『ふとどき文学館』）

永井荷風は「しんどかったでしょうね」といわれるのは、岩波書店を中心にした上昇的インテリの教養主義と永井荷風が入り込んでいった江戸趣味とは、図5－1にみることができるように、対極に位置したからである。教養主義は地方出身インテリの「あがり」の、江戸趣味は「新帰朝者」など、都市知識人の「くずれ」や「やつし」の文化だったからである。

山の手と下町

では学校的教養である教養主義が近代日本においてなぜ文化戦略たりえ、覇権をもつにいたったのだろうか。覇権の道筋は、（学歴エリートが成りあがる）山の手階級の文化のそれと相似だった。

山の手（赤坂、四ツ谷、市ヶ谷、牛込、小石川など）は西の洪積台地の上にあったことから神田、日本橋などの東の沖積低地の下町に対しての呼称だったが、江戸時代は下町が町人（商人と職人）の居住地だったのに対し、山の手は寺院と大名・旗本・御家人などの武家屋敷が多かった。明治になると山の手には官員やサラリーマンが住むようになった。山の手と下町は、台地（山の手）と低地（下町）という地理的な区画だけでなく、新中流階級（山の手）と旧中流階級ないしは賃労働者（下町）という社会階級的区画、そしてハイカラ（山の手）と粋（下町）という文化的区画をともなっていた。

一八八六（明治一九）年から山の手を転々とした田山花袋《たやまかたい》（一八七一―一九三〇）は、かれが住みはじめた時代の東京について、外国風の町と江戸風の町ができていて、前者は開けていき、急進的で、後者は衰えていき、保守的な気分を醸し出し、両者が絡み合い、もつれあって渦を巻いていた、としている。しかし、山の手には、まだ野山や林、森があり、牛込の奥には狐や狸が出ていた、とも書いている。明治三〇年代後半、つまり二〇世紀はじめに、山の手は、子供を負った束髪の若い女房や役所や会社に出て行く人々の新興住宅地として活気づいた、としてその風景をつぎのように描いている。

「山の手には、初めて世の中に出て行った人達の生活、新しい不如意勝《ふによいがち》の、しかし明るい若い細君のいる家庭、今に豪《えら》くならなければならないという希望の充《みた》された生活、そういう気分が到る処で巴渦《うず》と巻いている。その証拠には、新世帯《しんじよたい》の安道具を売る店とか、牛肉の切売店とか、安い西洋料理とか、そういうものが際立って眼に附くのが牛込の街の特色だ」（『東京の三十年』）

このように山の手が新興住宅地として活気づき、そのぶん下町が淀《よど》んでみえたにせよ、下町には江戸式の伝統文化が支配していたから、山の手族に代表される俸給生活者のライフ・スタイルは、必ずしも高級文化として下町文化を圧倒できたわけではない。下町の商人や職人は独立業種としての自負から、山の手の勤人を「地方人の立身」と、蔑視さえしていた。

いくら学問や財産があっても清元と長唄の区別ができないようでは、「通」や「粋」に欠けており、江戸趣味や純東京人の気分がうすく、田舎式だとか田舎者の東京生活だとかいわれもしたのである。したがって、下町の商人や職人の子弟にとって、帝国大学への志願でさえ「役人になるのヂァあるまいし」、と周囲から叱られるていのものであり、慶應義塾と東京高等商業学校だけが、進学の許される学校だったほどである（奥井復太郎「明治・東京の生活」『奥井復太郎著作集』第七巻）。

野暮と下品

山の手族は、江戸式に対抗するため、ヴァイオリン、オルガン、琴、洋装などによる洋風生活をした。こうした山の手族の生活流儀の特徴は、小説『三四郎』にもみることができる。三四郎が本郷真砂《まさご》町にある美禰子《みねこ》の家を訪問する場面がある。瓦葺《かわらぶき》の門柱に美禰子の兄で法学士である里美恭助の表札がある。門の潜りから玄関まで長方形の御影石《みかげいし》が飛び飛びに敷いてある。「電鈴《ベル》」を押すと、下女が取りつぎ、応接間に案内される。

「重い窓掛の懸つてゐる西洋室である。（中略）正面に壁を切り抜いた小さい暖炉がある。其上が横に長い鏡になつてゐて前に蠟燭立《ろうそくたて》が二本ある。（中略）すると奥の方でヴイオリンの音がした。（中略）向ふにある鏡と蠟燭立を眺めてゐる。妙に西洋の臭ひがする。それから加徒力《カツリック》の連想がある」。三四郎は山の手族の生活流儀に「西洋室」と「西洋の臭ひ」、「加徒力」をみている。
「西洋室」と「西洋の臭ひ」のモダンな山の手文化は、新参者の地方出身者が生粋の江戸っ子である下町文化（粋）に対抗するための文化戦略（ハイカラ）だった。下町から山の手に対して反価値として繰り出される「野暮（不粋）」に対して、山の手は下町に対して反価値である「下品（下卑ている）」を繰り出したのである。こうして、下町と山の手は「粋」（町風）と「上品」（屋敷風）というそれぞれの文化アイデンティティを確保した。山の手に育った児童心理学者 乾孝《いぬいたかし》（一九一一―九四）は、児童雑誌『赤い鳥』（鈴木三重吉創刊）が山の手の親に喜ばれた経緯をつぎのように述べている。
「『赤い鳥』を購入するような家庭の親たちというのは、下級武士あがりの山の手もので、だからヨーロッパ的なものを自分の支えにしているために、自分の中にひきずっている下級武士的なものとか、農村から持ってきたにおいというものに対しては、自己卑下とは言わないけれども、少なくともそこから離れたところに子どもを置きたいという気持ちが強かったと思うんです」（猪熊葉子ほか編『講座　日本児童文学』第二巻）
子供に『赤い鳥』を買い与える親のなかには、西欧文化を先取りして、その代弁者の顔をする「一種の教養主義」「山の手気どり」があった、というのである。山の手階級の文化戦略が奈辺《なへん》にあったかを語ってあまりある。

華族文化

「ヨーロッパ的なものを自分の支えにしている」という山の手階級の文化戦略が戦略たりえ、しかも功を奏したのは、近代日本の上流階級つまり華族の文化の特質によっていた。

英国の新興中流階級が貴族や地主などのジェントルマン文化という上流階級文化を模倣しようとしたことはよく知られている。新興中流階級が子弟をパブリック・スクールに進学させたことは、そうした文化戦略のあらわれである。上昇階級の文化戦略のありかたは、上流階級文化の特質によっている。近代日本の上流階級文化は華族の文化だったが、それは徹底した西欧文化だった。

そのはじまりは、一八七一（明治四）年一〇月、明治天皇が華族を招き、勅諭を下したことにある。列国の開化富強は、国民の智を開き、才を磨く勤勉の力である。わが国民もこうした努力を本分としなければならないが、とくに華族は、「国民中貴重ノ地位」にあるから、模範とならなければならない。率先して「外国へ留学」するか、それがかなわない場合でも、「海外ニ周遊」して、見聞を広めるべきである。婦女もまた同行し、知識を広めることが大切である。日本が国力の面で外国の列強と競合できるように、華族が留学して国家の模範となるよう奨励したのである（「華族外国留学の勅諭」『太政官日誌』明治四年、八三）。翌年、天皇や皇后の服飾品がフランスから届く。元老院は、宮中の伝統的な式服を廃止する。

華族の多くは、留学したり、外国人の家庭教師を雇って勉強したりして、生活様式を西欧式に転換した。鹿鳴館現象は華族にもっとも強くみられた。「華族は熱心に西欧化し、やみくもにというわけではないものの、極端に走った」（タキエ・スギヤマ・リブラ『近代日本の上流階級』）。華族は貴族としての正統性を天皇や皇室に仰いだことはいうまでもないが、生活様式を西欧化することによってエリートとしての地位を裏づけたのである。

華族における西欧崇拝は、近代日本におけるナショナリストや草の根民衆の華族への両義的感情（天皇の藩屏《はんぺい》／西欧化の手先）のよってきたるありかを示唆しているが、ホワイトカラーを中心とする近代セクターの側にある上昇階級（新中流階級）の文化戦略のありかたと覇権の秘密も示している。

山の手階級の西欧化という文化戦略が功を奏したのは、上流階級である華族において西欧文化の装備が不可欠だったからである。華族、つまり上流階級における西欧文化崇拝がなければ、山の手階級の〝成りあがり〟文化戦略は功を奏しなかったであろう。そしてこうもいえる。大名（大名華族）や公卿（公卿華族）などのような家柄によらず、勲功によった「新」華族が自分の卑しい家柄を補塡し、払拭するために西欧化に強迫的コミットメントをしたこと「成りあがり」山の手階級の西欧文化戦略や「地方」出身インテリの教養主義はパラレルな戦略だった、と。

学校的教養

ここで、3章と4章で得られた教養主義についての知見、すなわち西欧文化の刻苦勉励的な習得であり、そうした志向と態度は地方出身の知的青年のエートスと親和性をもつという知見を重ねてみよう。

近代日本の教養主義は、西欧文化の取得である。日本人にとって西欧文化は伝統的身分文化ではないから、階層や地域文化と切断した学校的教養そのものだった。どのような階級からも遠い文化である。どのような階級からも遠いということは、障壁は階級間で平等だったということになる。このような学校でしか学ばれない文化・教養は、ピエール・ブルデューとモニック・ド・サンマルタンの文化に対する関係についての作図（図3－2）でいえば、中央部の「繊細」や「優雅」よりも周辺の「ガリ勉」や「衒学的」に近くなりやすいが、それだけに接近と習得は容易である。

3章で触れたように、フランスにおいては文系ノルマリアンがとくにそうであるように、エコール・ノルマル・シューペリウールは文化的上層階級がみずからの文化資本を活用できる階級再生産戦略の学校として選択されやすい。文化資本や言語資本に劣る階層の子弟には、自己排除＝自己選抜が作用してしまう。しかし、近代日本の帝大文学部は必ずしも文化的上層階級の階級再生産戦略の場とはならなかった。ならなかったというより、文化的障壁がないぶん、地方人や文化的成りあがり階級の文化貴族化の手っ取り早い装置とさえなったのである。3章でみたように、帝大文学部が相対的に地方出身者に開かれていたゆえんである。

独文学者中野孝次の半自伝小説『苦い夏』に、教養をつうじてのブルジョア文化階級化の隠蔽された微妙な動機を読むことができる。小説はつぎのようなものである。

主人公孝次は豊かとはいえない大工の家に生まれる。両親とも農村からでてきて市川（現千葉県市川市）に住んだ。小学生のとき家のおつかいにいって、母のことを「ママ」と呼ぶ家を知ってびっくりする。「母ちゃん」のことを「ママ」って呼ぶのか、と鮮烈な印象を子供心に抱く。これは経済的区分以上の文化としての階級の存在の実感である。孝次の兄は小学校高等科を卒業すると、金物会社の住みこみ店員になる。孝次の父は「職人の子に教育なんかいらない」と中学校（旧制）進学に反対する。結局小学校の高等科に通うが進学の念はやまない。そこで中学校を卒業しなくとも、旧制高等学校入学者受験資格をあたえられる高検（高等学校入学者資格検定試験）を目指して合格し、憧れの旧制高等学校に進学する。

入学後孝次は暇さえあれば本を読み、高等学校の教養主義文化＝西洋の古典や小説の世界に没頭する。ところが、あるときかれは友人につぎのように指摘されてしまう。

「『……だがな、そうやって新しいものに次から次と気をとられるあんたを見てると、どうもあんたには度しがたいスノビズムが巣喰ってるのかもしらんて気がするぞ。』

　思いがけぬことを言われ、どきっとして、反撥する声は我ながら甲高くなった。

『スノビズムって、どうして。』

『つまりだな、あんたは美だの精神だのってよう口にするがな、もしかすると自分もそいつらみたいにいい暮しがしたいだけなのかもしれんと思うことがあるよ。こんなことは言いとうないが、それはあんたが専検とって苦労して高校に入ったこととも関係あるかもしれん。あんたの好奇心や向上心には感心するが、ひょっとしてその底には出世慾もからんどりゃせんか。』

　そう言われ、ぼくは胸に熱い鉄棒でも打ちこまれた気がして頬が歪んだ。重国からこんなひどい批判をされたのは初めてだった。あぐらをかき直して、またキセルに短く切ったタバコを詰めている相手にむかって、ぼくは思わず叫んだ。

『ひどいこと言うなよ、だれが今どき出世しようと思って文学なんかやるものか。世の中でまともな暮しができるなんて希望はとうに捨ててるさ。』

『まあ出世慾は言いすぎかもしれん。だがな、おれが言いたいのはあんたのその気持の動きやすさだよ。おれにはどうもあんたが自分を忘れて新しい珍しいものにばかり気をひかれすぎるような気がしてならんのだ。美とか何とか言ったって、要するにあんたはブルジョアの洗練に憧れとるだけじゃないのか。』」（傍点竹内）

融和型と対立型

一般に学歴エリート文化は、伝統的な上流階級文化と「融和」して作られるか、「対立」してあらたに作られるかのどちらかである。イギリスは融和型である。エリート学校は貴族的な身分的慣習や生活様式を伝達したが、他方では学校によって出世する中流階級の志向を取り込み、伝統的身分文化との妥協ももたらした。イギリスのパブリック・スクールやオックスブリッジ（オックスフォード大学とケンブリッジ大学）における中流階級子弟のジェントルマン化（ジェントリフィケーション）とジェントルマン像の変容（勤勉・節約・独立自尊の徳目をもったクリスチャン・ジェントルマン――村岡健次「ジェントルマン再論」『甲南大学紀要』文学編一二九、二〇〇三年）がこれである。

それに対してドイツにおいては、伝統的な上流階級文化である宮廷貴族層と中流階級の文化的障壁が強固だった。貴族はフランス風作法で振る舞い、フランス語を話し、ドイツ語を話す中流階級との間には文化的断絶があった。こうして伝統的な貴族文化と学歴エリート文化が対立型になった。高貴な振る舞いや格式の自意識と誇りを中心にした宮廷貴族層に対して、中流階級は大学を砦に、学問や芸術という精神的業績を本領とする精神の貴族として対抗しなければならなかったからである（ノルベルト・エリアス『文明化の過程』）。

　教養の理想は高貴な生まれという生得的地位《アスクライブド・ステイタス》に代わる業績的地位《アチーヴド・ステイタス》の証だった。かくてドイツにおいては、教養《ビルドゥング》は貴族層に対する中流階級の挑戦的武器であり、新しい啓蒙の時代における真の貴族、つまり教養貴族（Bildungsaristokratie）の証明証にほかならなかった。精神の貴族、あるいは教養貴族としてみずからの能力を開花させ、卓越化し、裁判官や高級官吏、大学教授といった公的な仕事で傑出した業績をあげることを目指した。かれらこそが教養市民層（Bildungsbürgertum）である。

　こうした視点からみれば、近代日本においては、これまでみてきたように、華族に代表される上流階級文化が徹底的に外成的な西欧文化であり、中間階級と学歴エリートも欧化階級や欧化エリートとして同じ道筋を辿ったのだから、イギリスの融和型ともドイツの対立型とも異なっていたことになる。上流階級文化とエリート学校文化は、西欧文化を媒介にした日本的融和型に帰結した。

教養主義とブルジョア文化の懸隔

しかし、大正時代に杉並、目黒、世田谷などを居住地とした「新」山の手階級が誕生すると、石垣や煉瓦《れんが》塀の「旧」山の手階級の居住地は屋敷町として際立ち、その文化は、上層中流階級文化として成熟する。学校的教養である教養主義では、こうした成熟したブルジョア文化に対抗できなくなる。上層中流以上の階級のものたちの西欧化は単に知識や精神だけでなく、身体化をつうじて生活の細部に浸透するからである。上流階級や都市中流階級の文化が成熟してくることによって、教養主義とブルジョア文化の隙間があらわになる。こうしてさきに引用した中野孝次の小説『苦い夏』の主人公の悲劇が生じる。教養主義者は、「度しがたいスノビズム」、「ブルジョアの洗練に憧れとるだけ」と。悲劇は学歴上昇移動ができなかったことによるのではない。学歴上昇移動をしてしまったがゆえの悲劇なのである。

学歴エリートと上層中流階級との文化的隙間は、中村真一郎の小説『女たち』の昭和戦前期の世界を描いた部分にも読みとることができる。この部分では主人公は東京の（旧制）高等学校の学生である。友人の同級生佐竹は外交官の息子で、幼時を外国で過ごしている。屋敷町の古風な洋館が住いで、女学生の妹が二人いる。上層中流階級である佐竹は、主人公のようなふつうの高校生からみて、つぎのように描かれている。

「高校生は殆んど皆、何かに熱中し逆上し、世の中にはカントか、ベートーベンか、野球か、しかないという風に生きている。そして、自分と同じ目標を抱いていない人間は軽蔑する。しかし、佐竹はそうした熱い空気のなかで、テニスのチャンピオンにもなり、歌舞伎研究会の委員もやり、中国語の講習の世話役も兼ね、又、西洋古典音楽の定期レコード・コンサートの司会者でもあった。

彼はディレッタントだった。そして、ディレッタントであること自体にも、熱心ではなかった」（傍点竹内）

そしてある日、佐竹の妹も交えて、話題が結婚のことになる。佐竹の妹しず子の結婚観の披瀝《ひれき》に出会って、主人公が困惑し、やがて落胆する場面はつぎのようである。

「『私なんか、お兄さまのお仲間みたいに難かしい議論ばかりしている男の人は苦手だわ。私たちは皆、そう言ってるわ。』それから、ある都会的な校風の私立大学の名を挙げ、そこを出た人がいいというのが、彼女の仲間の一致した意見だと述べた。

……相手に私を選ばないとしても、私たちのように高等学校から官立の大学に進む男のなかから、誰かを採るものだと私は決めていた。だから、私たちのような固苦しい理想主義的な、――人類だとか社会だとか芸術だとか学問だとかばかりを年中議論の対象にしている者たちは避け、もっと愉《たの》しくスポーツをしたりダンスをしたりして、日常生活の小さな娯楽を追い求めている青年たちの方に共感するのが本心だというのでは、私は失望せざるを得なかっ

た」（傍点竹内）

女学生しず子と主人公のずれは、「理想主義」をめぐるずれである。しかし、それは必ずしも理想主義をめぐるプロ（向）とコン（反）の食い違いではない。旧制高校生的「理想主義」に潜む「堅苦し」く「重い」と、「軟らか」で「軽い」ブルジョア文化とのスタイルの食い違いである。理想主義を教養主義と読み替えてもよいだろう。こうした懸隔があらわになると、教養主義に代表される学歴エリート文化は、ドイツ型に近くなる。

マックス・ウェーバーは、ドイツの学歴エリートである教養市民層を念頭に、教養の相違は、「心のなかでもっとも強力に作用する社会的制約のひとつである。とりわけドイツではそうである」と述べながらも、こうした教養市民層予備軍の学生を「紳士的」でも「貴族的」でもなく「徹頭徹尾平民的」であり、「めっきをはった平民」や「成りあがり」と呼んだ（「ドイツにおける選挙法と民主主義」『政治論集』1）が、日本の学歴エリートはドイツ教養市民層のそうした資質とも相似形になる。

文化戦略としてのマルクス主義

こうしてマルクス主義的教養主義や教養主義的マルクス主義が、成熟した都市ブルジョア文化への対抗文化としての意味と機能をもつことになる。また、教養主義に含まれる、ブルジョア文化をつうじての世俗的上昇志向願望が意識化されると、それを断ち切りたいという志向も出てくる。「届かない」にしても「断ち切りたい」にしても、いまや、ブルジョア文化を超える文化が必要である。マルクス主義こそがそうした新しい文化となった。

マルクス主義は、ヴ・ナロード（民衆の中へ）的要素からして教養主義以上に地方出身インテリとの親縁性が高かった。新人会会員の家庭環境の統計的調査をしたヘンリー・スミスは、その親縁性をつぎのようにいう。会員の出身階層は農村の貧しい小作農や下級官吏、商人、大地主までさまざまではある。しかし、大学教授、政治家、高級官僚など、都市インテリ家庭の出身者は「非常に少なかった」。「地方出身者ということが、新人会員の背景の重要な共通点であった。（中略）地方性は新人会員の精神構造の大きな要素であった」（傍点竹内、『新人会の研究』）。

マルクス主義は地方出身インテリと親縁性があっただけではない。1章でみたように、教養主義的教養主義の象徴的暴力空間では、転覆戦略ともなりえた。同時に成熟した都市中流階級文化への対抗戦略ともなりえた。マルクス主義的教養主義や教養主義的マルクス主義というもうひとつの西欧文化によって、ブルジョア文化を「腐敗し、衰退する」と貶《おとし》めることで、成熟した都市中流階級文化の上位に立つことができたからである。林房雄は、『文学的回想』のなかで、第五高等学校で共産主義青年になったころのことについてつぎのように書いている。
「仲間はだんだん増え、合宿もでき上がつた頃、高尾平兵衛《たかおへいべえ》（一八九五―一九二三）と浦田武雄《うらたたけお》が東京からやつて来た。新人会の諸君は清教徒のやうに厳粛で紳士的であつたが、この労働者出身の『職業的革命家』は激烈で行動的であつた。『天皇も貴族もブルジョアも片つぱしから叩き殺せばいいんだ、それが革命だ』と言つた」

「天皇も貴族もブルジョアも片つぱしから叩き殺せばいいんだ」という労働者出身の革命家の激烈な言葉は、「腐敗し、衰退するブルジョア文化」という学歴エリートの言葉と、文化洗練階級への憎悪の感情で通底していたとはいえまいか。

マルキストたちの「プチ」ブルジョアへの憎悪は、みずからの世俗的上昇志向の克服を含めて社会変革への動機としてしばしば語られた。しかしそれは、地方出身インテリの、成熟した都市ブルジョア文化に対する「価値の転倒」（マックス・シェーラー「道徳形成におけるルサンチマン」）のイデオロギーともなった。ブルジョアや華族の子弟の、存在そのものの罪障感をもとにした左傾化や赤化と連動して、教養主義青年をとらえることになった。学歴エリートのマルクス主義へのコミットメントは、もうひとつの西洋文化というオブラートで農村や貧困の文化を包みこんだ。さらにいえば、マルクス主義は、生活者への負い目の意識を醸成し、理論的学習よりも実践を重視することで、文化の卓越的差異化《ディスタンクシオン》ゲームを超越／無化してしまう契機を内蔵さえしていた。

しかし、学歴エリートの実践をつうじたヴ・ナロードもポピュリズム思想とはなりえなかった。マルクス主義者は農民的エートスを搬送してはいるが、もうひとつの西欧文化によっているから、庶民にとって異物である。戦前のポピュリズムが、右翼ポピュリズムとしてありえても左翼ポピュリズムとしてはありえなかったゆえんである。

殉教者効果による復興

エリート学生文化としての教養主義、あるいは教養主義的マルクス主義の覇権を考えるうえで大事なことは、第二次世界大戦後、一九五〇年に教養主義の培養基だった旧制高校が廃止されることによって、教養主義が死んだわけではないということである。旧制高校は廃止されても旧制高校文化つまり教養主義あるいは教養主義的マルクス主義は生き延びた。というよりも、2章でみてきたようにかえって大衆的にひろがったのである。

こうした教養主義の復活は岩波書店の刊行物の変化にみることができる。岩波書店の刊行物における翻訳の割合が高かったことは、前章で示したとおりであるが、前章の表4－3をもう一度みていただきたい。第二次世界大戦後、翻訳書の割合が急増する。急増は、七〇年代までつづく。その割合は単に昭和戦前期の水準に回帰したのではない。これまでになく増えているのである。教養主義の復興というよりも教養主義の強まった時代になったことを表している。

ではなにゆえ旧制高校的教養主義が新制大学のキャンパスに甦ったのだろうか。戦時期において大学や高等学校、専門学校教育は就学年限が短縮されたり、卒業が繰り上げられたり、授業が停止されたりした。工場などへの勤労動員もなされた。徴兵延期が取り消され、在学中に大学生も戦場におくられた。教養主義もマルクス主義も軍国主義の中で弾圧された。一方で、軍国主義による破局への道があった。旧制高校をはじめとする高等教育文化の解体や教養主義の衰微と軍国主義の昂進は共変関係にあった。共変関係はしばしば因果関係に読み替えられやすい。高等教育文化の解体や教養主義やマルクス主義が抑圧されたがゆえにあの戦争があったのだ、教養主義やマルクス主義の復活こそ軍国主義にならないためのものである、と。高等教育や教養主義は、殉教者効果をもち、リバイバルに威光が増した。

そして、戦後日本における教養主義はマルクス主義といちじるしく接近した。旧制高校的教養主義の範型的人物である丸山眞男がマルクス主義者と同伴したことがその象徴である。丸山は、「ある自由主義者への手紙」(『世界』一九五〇年九月号)のなかで、共産主義にシンパシーをもつものが自由主義者だと言明している。旧制高校的エリート文化が軍国主義に抗しえなかったという弱さや罪責感を、マルクス主義に近づくことによって埋めあわせることができた。またマルクス主義のヴ・ナロード的要素によって旧制高校的エリーティズムを中和することができた。マルクス主義的教養主義によって教養主義と教養人士は生き延びた。

サルトルと丸山眞男

こうした時代の文脈の中で、ジャン＝ポール・サルトルの翻訳本『嘔吐《おうと》』『自由への道』『実存主義とはなにか』などは広範な読者を獲得した。サルトルはシモーヌ・ド・ボーヴォワールをともなって、一九六六（昭和四一）年に来日した。空港には一〇〇〇人を超える人が出迎えた。サルトルは「知識人の位置」や「知識人の役割」などのテーマで講演し、大きくアピールした。

サルトルは、3章で触れたエコール・ノルマル・シューペリウールの出身である。エコール・ノルマル・シューペリウールはその哲学的雰囲気からして、個人主義と観念論の砦である。そんなことから、左派と平等主義に共鳴しても共産党に入党するものはポール・ニザンなどを例外として少数にとどまった。実存主義とマルクス主義を和解させたサルトルも生涯党員にはならなかった。マルクス主義的実存主義者であっても、マルクス主義的マルクス主義者ではなかったのである。

こんなところが当時の日本のマルクス主義的教養主義者や教養主義的マルクス主義者にア

ピールしたのだろう。清水幾太郎や丸山眞男は共産党員になることなく左翼陣営の居場所（市民主義）を呈示したが、サルトルは清水や丸山によって確保された教養主義知識人の居場所を世界的同時性のなかでオーソライズしていたのである。「党の」知識人でも「偽りの」（右派）知識人でもなく、教養主義者の独立心と教養主義者の象徴資本を生かすことができる「首尾のよい」知識人のポジションと教養主義者的投企《アンガジュマン》を。

もっとも当の丸山眞男たちからみれば、首尾のよいポジションどころか、自分たちは党の知識人と偽りの知識人の挟み撃ちにあっているという被害者意識のほうが強かったであろう。そんな被害者感情について、丸山は、つぎのように書いている。「『マルクス主義的』知識層にたいするスマートな逆説家と庶民の『伝統的』実感―もしくはそれに寝そべるマスコミとの奇妙な同盟が成立し、『進歩的知識人』は両者にはさみうちになって孤立するという事態が生まれる」（傍点竹内、『日本の思想』）、と。

階層文化の存続

こうして復興した教養主義が六〇年代半ばまで存続しえたのは、庶民やインテリが明確な階層文化をともなって実体的に存在していたことが大きい。

図5-2は一九五八（昭和三三）年当時の生活消費財を中心に描いた階級文化である。厳

密な手法によって構成されたものではなく、印象的なものではあるが、このころ高校生であったわたしの記憶を辿ると、思いあたる節が多い。たしかにカツ丼やビール、二級酒は庶民の贅沢品だった。経済的に余裕ができたときに、味わうものだった。当時の大学生やインテリたちの範型といえる図の上級ミドル・ブロウについては、「たえず教養の充実を願う」としてつぎのような解説がついている。

「……寸暇を惜しんで、たとえ満員電車の中でも、世界文学全集や赤帯の文庫をひもといて、サルトル、プルウストを耽読《たんどく》する。美術館の陳列替えがあれば飛んで行くし、新劇の公演は欠かしてはならぬと念じている。〝芸術的〟外国映画は洩《も》れなく鑑賞し、外国音楽家が来朝すれば、早朝から切符売場の前に行列をつくる」

図5-2はあくまで印象的な作図にしかすぎないが、どのような境界線を描くにせよ、階級文化の輪郭がまだ実線で存在していた。一九六〇年代前半に大学生だったわたしは、家庭教師などのアルバイトでいろいろな家庭を訪問したが、調度品や家のレイアウト、家族の趣味嗜好からその家庭が庶民階級かインテリ階級かは、たちどころにわかった。そういう階級文化が存在した最後の時代だった。

た」より（文藝春秋提供）

中間文化という大衆教養主義

図5-2が描かれた三年まえの一九五五年の職業構成は、ホワイトカラーや専門職である新中間層一五パーセント、ブルーカラー（生産労働者）三六パーセント、農林漁業・自営など旧中間層四九パーセントである。新中間層は一五パーセントにすぎない。新中間層が知識階級やインテリ階級として輝きをもった最後の時代だった。そうであればこそ、人々は新中間層文化の不可欠な部分として教養主義（者）化したのである。そし

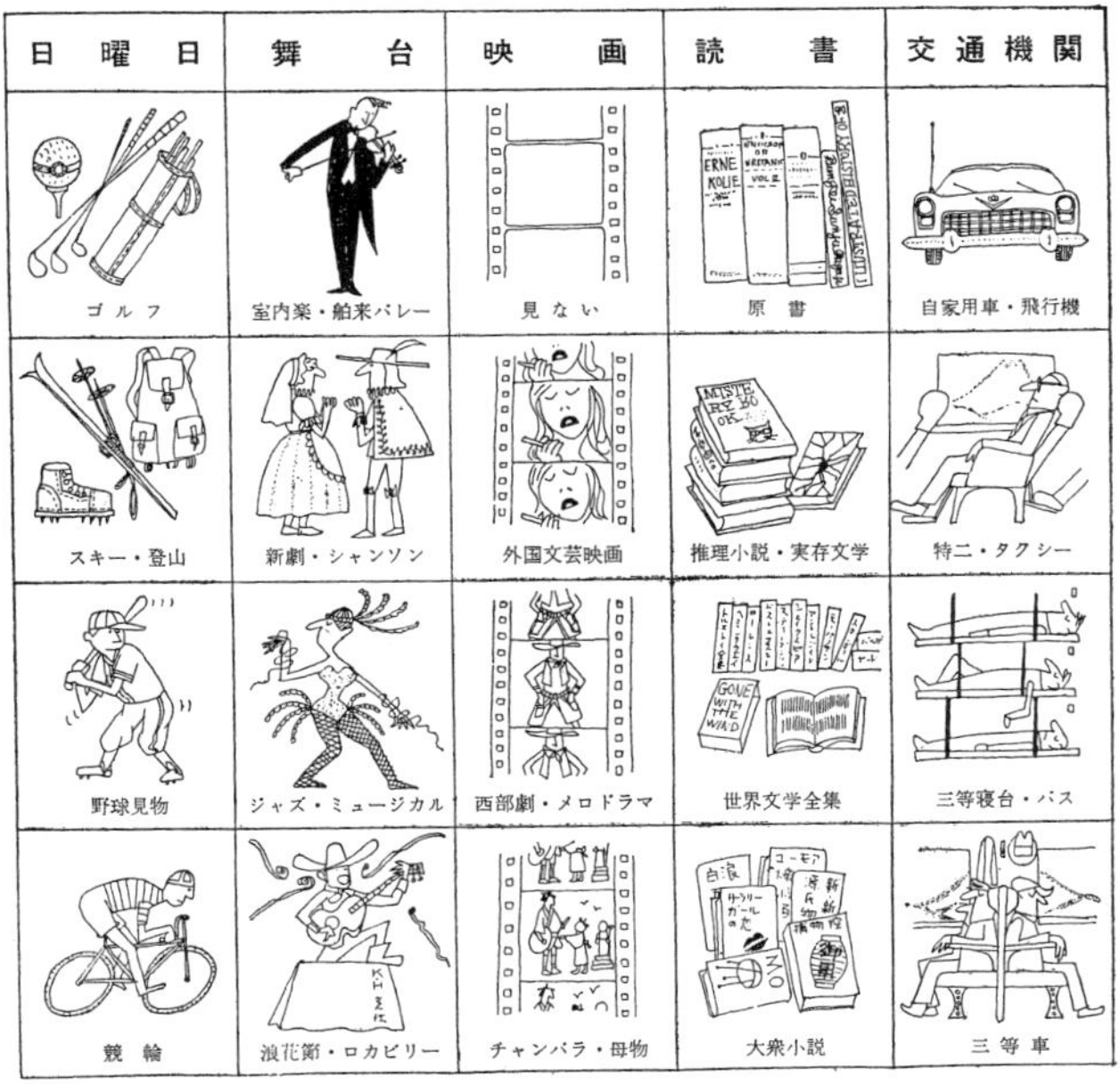

日曜日	舞台	映画	読書	交通機関
ゴルフ	室内楽・舶来バレー	見ない	原書	自家用車・飛行機
スキー・登山	新劇・シャンソン	外国文芸映画	推理小説・実存文学	特二・タクシー
野球見物	ジャズ・ミュージカル	西部劇・メロドラマ	世界文学全集	三等寝台・バス
競輪	浪花節・ロカビリー	チャンバラ・母物	大衆小説	三等車

図5－2　『文藝春秋』1958年5月号「知的階級闘争は始まっ

て、戦後の教育拡大と新中間層の拡大によって、全集ブームや新書ブームがおこった。こうした現象は加藤秀俊によって「中間文化」と命名された（「中間文化論」『中央公論』一九五七年三月号）。中間文化こそ戦後の大衆的教養主義だった。

一九六〇年代半ばころから、大卒者の人生行路は、しだいにただのサラリーマンになりはじめていたのだが、まだ特権的な「学卒」という言葉もあった。大学生にとっての教養知識人の物語と大学生の実人生に距離が広がりはじめていたが、亀裂にまではいかなかった。そして、このころの大学生の保護者の学歴は義務教育か、せいぜい中等教育程度である。ほとんどの大学生の親は高等教育を経験していない。大学に進学すればそれだけで大きな上昇感を抱くことになった。そうした上昇感がそれ（学歴上昇感）に見合った身分文化への接近を促す動機づけになった。大学生の身分文化こそ教養主義だったのである。

戦後的教養主義が高等教育と新中間層の拡大に連動し、教養主義が大衆教養主義としてクライマックスをむかえたのは、このころであった。しかし、雲ゆきはしだいにあやしくなっていく。教養主義はアンティ・クライマックスへの道を辿りはじめる。

終章　アンティ・クライマックス

1971年6月15日、東京・明治公園での沖縄デモにおける中核派（右）と反帝学評系学生の内ゲバ
（読売新聞社提供）

マス高等教育

学歴エリートたちの未来と学歴エリート文化である教養主義に軋《きし》みがでてきたのが、一九六〇年代後半からである。

一九六三（昭和三八）年に高等教育進学率は一五・五パーセント（大学一二・一パーセント、短大三・四パーセント）となった。高等教育は該当年齢人口の一五パーセントまでの進学率の段階がエリート段階で、一五パーセントを超えるとマス段階になるという説（マーチン・トロウ『高学歴社会の大学』）がある。この説にしたがえば、日本の高等教育は短期大学を含めた場合は六三年入学生から、四年制大学のみに限定すれば、六四年ないし六九年にエリート段階は終わり、マス段階になったということになる。以後、大学進学率は一七・〇パーセント（六五年）、二三・六パーセント（七〇年）、三七・八パーセント（七五年）になる。一九六〇年代後半は日本の高等教育がエリート段階からマス段階になった時期である。

この結果、新規就職者に占める大卒者の割合も急上昇していく。学歴別新規就職者で中卒者より大卒者が上回るのが一九七一年である。ピラミッド的な学歴別労働市場が崩壊しはじめる。大卒者のただのサラリーマン化が進行し、誰の目にもそうとわかるようになった。サラリーマンは、「職員」（身分）としてのサラリーマンから「大衆的」サラリーマンに変貌した。「大衆的」サラリーマンとは、経営幹部予備軍として補充されるわけではなく、一般職員として補充され、下位の職位に長期間滞留し、徐々に昇進していくサラリーマンである。

序章や3章で、一九七〇年ころまでの新規学卒労働市場ではどんな学部を出たかは将来の進路にとってかなり決定的であった、と述べた。大学が教養知と専門知を伝達する場所であることは自明の前提だったのである。序章でわたしがある保険会社に入社したことに触れたが、出身学部を文学部や教育学部にも開放していたこの例外的企業でさえ、職務配置には、卒業学部が考慮されていた。研修期間をすぎて、集金人の教育と親睦のための社内報の編集部署に配属になった。課長から、「きみは、教育学部卒だから、つぎは（社内研修の担当部署である）教育研修部にいくだろう」とまでいわれていた。

だから学生の学部アイデンティティも強かった。法学部の学生で法律の、経済学部の学生で経済学の知識がないといわれれば恥ずかしく思ったように、学生も所属学部に見合った自己教育をした。若さゆえの傲慢《ごうまん》さもあって、無味乾燥な授業と空虚な教育学という学問にいささか失望していたわたしでさえ、教育学部生なのだからと教育関係の本を義務のように読んだ。

ところが大学の教養知と専門知に対する幻想は崩れはじめた。一九七〇年代から日本の企業は大卒の大量採用をおこなった。七一年には、大卒を九〇〇人採用する企業があらわれた。大量採用だから、大卒だからといっても専門職種につくわけではない。将来の幹部要員でもない。ただのサラリーマン予備軍には専門知や教養知を必要としないのである。

大学第一世代

このようにみてくると、大学紛争の解釈も別様になる。わたしはいまでもあの大学紛争をとても不思議におもう。この点については、別のところ（『学歴貴族の栄光と挫折』など）に書いたが、大事なことなので少し補筆しながらくりかえすことをお許しいただきたい。

なぜ不思議かというと、紛争の担い手だった大学生は「学問とはなにか」「学者や知識人の責任とはなにか」と、激しく問うた。しかしさきほどみたように、大学進学率は同年齢の二〇パーセントを超え、三〇パーセントに近づこうとしていた。大学生の地位も大幅に低下していたし、卒業後の進路はそれまでの幹部社員や知的専門職ではなく、ただのサラリーマン予備軍になりはじめていた。そんな大学生が、知識人とはなにか、学問する者の使命と責任をとことんつきつめようとしたところが腑《ふ》に落ちないのである。

あの問いかけは、大学生がただの人やただのサラリーマン予備軍になってしまった不安と憤怒《ふんぬ》に原因があった。そして、大学紛争世代は、経済の高度成長による国民所得の増大を背景にした大学第一世代《ファースト・ジェネレーション》、つまり親は大卒でなく、はじめて大卒の学歴をもつ世代が多かったことを解釈の補助線とすると、了解しやすくなる。

大学紛争世代である団塊の世代（一九四六―五〇年生まれ）の高等教育進学率は約二二パーセント。かれらの親を一九一六―二〇年生まれとすると、この世代の高等教育進学率は約六パーセント。そこで、大まかな計算ではあるが、つぎのように試算をしてみよう。一九一六―二〇年生まれの高等教育卒業者とそうでない者との子供数が同じとし、高等教育卒業者の子供がすべて高等教育に進学したと仮定すると、団塊世代の大学進学率二二パーセントのうち六パーセント、つまり大学生の二七パーセントは、親が高等教育卒業者ということになる。そして、七三パーセントの大学生は、親が高等教育を経ていない高等教育一世になる。

一九六八・六九年度の関西大学『学生生活実態調査報告書』によって学生の親（保護者）の学歴（第一部）をみると、義務教育水準（小学校、旧高等小学校、新制中学校）四五パーセント、中等教育（旧制中学、新制高校）三六パーセント、高等教育（旧高等専門学校以上、新制大学）一九パーセント。八一パーセントの大学生の親は高等教育を経験していないのである。

予期

このことは、大学二世を含めて文化貴族二代目的な知識人や大学教授などの教養エリートへの憧れと憤怒の両義感情を増幅する構造的条件となる。前章末尾で触れたように、大学第一世代であっても、その未来がエリート的地位であるという予期があるときには、憧れが同一化へのエネルギーとなる。六〇年安保闘争時の一般大学生は、抗議行動の日も午前中は平常通り講義を受講し、卒業論文に真面目に取り組む学生であり、「帰るべき学園をもち、親しく教えを受けるべき教師を持っていた」（鈴木博雄「遊民学生と運動のゲリラ化」『自由』一九六九年七月号）といわれている。

しかし、そうした予期がもてなくなったときには、憧れと憤怒との両義性は激しく振動しはじめる。東京大学教授丸山眞男は全共闘派の学生に取り囲まれて「へん、ベートーヴェンなんか聞きながら学問をしやがって」と罵倒を投げつけられた（『自己内対話』）。大学第一世代による（文化貴族二代目風な）教養エリートへの屈折した感情とみるとわかりやすい。

かれらのただのサラリーマンという人生航路からみると、教養など無用な文化である。教養はもはや身分文化ではない。かれらはこういいたかったのではないか。「おれたちは学歴エリート文化など無縁のただのサラリーマンになるのに、大学教授たちよ、おまえらは講壇でのうのうと特権的な言説（教養主義的マルクス主義・マルクス主義的教養主義）をたれている」、と。かれらは、理念としての知識人や学問を徹底して問うたが、あの執拗ともいえる徹底さは、かれらのこうした不安と怨恨《ルサンチマン》抜きには理解しがたい。だから運動の極点はいつも教養エリートである大学教授を団交にひっぱりこみ、無理難題を迫り、醜態を晒させることにあった。

丸山眞男と吉本隆明

紛争を担った学生たちは、教養エリートを範型にした教養セミ・エリートの道ではなく、教養エリートを苛酷《かこく》に相対化した吉本隆明《よしもとたかあき》のほうに共感を感じていく。この感情移行の道筋を理解するためにピエール・ブルデューのつぎのような言明を参照しておくのがよいだろう。ブルデューは、民衆が学校制度に接するときに生じる宙吊り状態についてつぎのようにいっている。

「ごく普通の人々が高度な文学と接触することによって生じる結果として、民衆的な経験が破壊されるということがあります。その結果、人々は何ももたない状態に置かれてしまう。つまり、捨て去った元の文化と、知識も教養もある文化という、ふたつの文化のあいだで行き場を失うのである」(「読書――ひとつの文化的実践」)

予期的未来がノン・エリートである大学第一世代に、「ふたつの文化のあいだで行き場を失う」宙吊り状態がおこったことは想像にかたくない。宙吊りを解消するために、「知識も教養もある文化」のほうにコミットメントしても、ただのサラリーマンが未来であるかれらにとっては、より大きな宙吊り状態に移行するだけである。そうであればこそ、「大衆の原像」という「民衆的経験」から論を組み立てる吉本隆明の言明に共感した。

前章でみた教養主義者の独立心と教養主義者的象徴資本を生かすことができる知識人のポジション（教養主義者的投企）は、かれらには、欺瞞《ぎまん》と映った。かくて大学人マルキストとマルクス主義同伴教授の「教養主義」と「啓蒙主義」、つまり講壇的参加の部分をプロレタリアート化したインテリの立場から攻撃したのである。

いやもっといってしまえば、下町知識人吉本隆明が放出した文化貴族への怨恨《えんこん》こそ紛争を担った学生＝プロレタリアート化したインテリあるいは高等教育第一世代の怨恨を代弁するものだった。

吉本隆明（一九二四―）は、山の手に育ち府立一中→一高→東京帝大法学部→助手・助教授・教授という絵に描いたような学歴エリートの軌道を進んだ丸山眞男とちがって、東京の下町の船大工の三男として生まれ、下町に育った。東京府立化学工業学校→米沢高等工業学校→東京工業大学という来歴である。旧制中学校→旧制高等学校→帝国大学の学歴貴族コースではない。傍系学歴である。丸山と吉本は社会的・地理的出自においても学歴軌道においても対蹠的知識人である。プロレタリアート化された学生が、丸山に代表される教養エリートをモデルにした上昇型知識人の道ではなく、むしろ下町知識人のポジションから発言する吉本隆明のほうにシンパシーを感じたのも不思議ではないだろう。

にもかかわらず、吉本のいう「民衆的経験」（大衆の原像）にしても、あくまで「知識も教養もある文化」からみたものである。だから、後者（「知識も教養もある文化」）のポジションを不在化するために、丸山に代表される「知識も教養もある文化」を強迫的に攻撃することになったといえる。自己否定が他者攻撃を、自己の誠実が他者の不実を担保にして確証されるように。

空々しさ

全共闘運動は教養知識人に対する糾弾と失望によって、教養主義文化の幻想を駆逐した。幻想の駆逐によって、全共闘運動はルサンチマンから遊戯性へと、パフォーマンスの面を露出していく。

このパフォーマンスの面に着目すると、全共闘学生は、一八九〇年前後の政治化した書生である「壮士」を彷彿とさせるものがある。壮士は漢文的語彙による演説と破れた着物やステッキの壮士ファッションで往来を闊歩した（木村直恵『〈青年〉の誕生』）。全共闘学生のアジ演説や立て看の生硬な社会科学用語とゲバ棒、覆面は、壮士の再来を思わせるものがあった。壮士が「腕力党」とされたように、全共闘学生は「暴力学生」とされた。壮士は、学生や青年という表象の誕生の契機となったが、全共闘学生の振る舞いは、学生や青年という表象の死滅を目前にした壮士という青年の原形への先祖返りだったのではなかろうか。ともあれ、教養エリートを中核とする大学文化の解体によってレジャーランド大学への敷石が敷かれていったのである。

大学紛争後の大学生たちはこう悟った。学歴エリート文化である特権的教養主義は知識人と大学教授の自己維持や自己拡張にのせられるだけのこと、大衆的サラリーマンが未来であるわれわれが収益を見込んで投資する文化資本ではない、と。

かつては教養主義の啓蒙的・進歩的機能が強いぶん、教養主義の（エリートのノン・エリートに対する）境界の維持と差異化の機能が目にみえにくかった。たとえ目にみえても自明で懐疑の対象とはならなかった。教養知が技術知と乖離《かいり》し、同時に、啓蒙的・進歩的機能を果たさなくなることによって、こうした教養主義の隠れた部分、あるいは不純な部分が前景化したのである。

マス高等教育の中の大学生にとっていまや教養主義は、その差異化機能だけが透けてみえてくる。あるいは、教養の多寡によって優劣がもたらされる教養の象徴的暴力機能が露呈してくる。いや大衆的サラリーマンが未来であるかれらにとって、教養の差異化機能や象徴的暴力さえ空々しいものになってしまった。

無用化

教養知の無用化はビジネス社会からも宣言された。大学紛争の一〇年ほど前から、日本のサラリーマン社会にオペレーション・リサーチ（OR）やマーケット・リサーチなどのビジネス技術学が導入されはじめた。

こうしたビジネスマン時代に対応して、中央公論社から、一九六二年二月に臨時増刊号として『中央公論経営問題』が刊行され、数日で売り切れた。同年一〇月から『中央公論経営問題特集号』として季刊発行となる。技術知を旨とする経営学ブームのはじまりは、教養知が語学や外国事情に精通することによって専門知ともなりえた時代の終わりを示している。大企業では計量経済学の手法やマーケット・リサーチの技法などによって長期計画を立てる社長室（社長の部屋という意味ではなく、社長のブレーンとしての参謀企画室）や総合企画室、未来企画室の設立ブームになった。

このころ経済学者伊東光晴は「思想の言葉」（『思想』一九六七年一一月号）に二ページの短いエッセイを書いている。当時の知の転換について的確に描出している。

伊東は、佐橋滋《さはししげる》（一九一三―九三）元通産省次官など、当時の高級官僚、銀行や保険会社、新聞社などの経営エリートの少なからぬものたちが若いときに労働組合で活躍していた来歴をもっていることに着目する。そしてつぎのように書いている。

「（略）こういう人たちにとって革新の理論は若い篤学の学生時代のかれを魅了した内容を持つと同時になんらかの形でその後も――経営者になっても、政策担当者になっても――生かされようとしていることである。講座派の理論は日本社会近代化の論理として経済政策の中心に生きつづけた。また貨幣価値の安定をなにものよりも重視するというオーストリア・マルクス主義者の流れは、労農派を通じて、金融・財政政策担当者のなかでの軍部その他への抵抗の論理となっている等々、かぞえあげればきりがない」

日本型革新思想が社会革命のための理論だけでなく、近代化のための政策や理論として活かされたことに注目している。軍国主義時代に講座派理論などの日本型革新思想が生産力理論となり翼賛体制に貢献したことは、すでに多くの指摘があるが、伊東はそうしたことが戦後の官界や経済界でもつづいたとする。ところが、日本が後進国の域を脱し先進国とならびはじめると、「かってのような近代化論と結合した革新論は無力になりだす（中略）革新の理論は現実に対処する武器でなくなりだした」。この空隙《くうげき》を埋めて台頭しているのが実証主義《ポジティヴィズム》に裏打ちされた計量経済学などの技術学だ、というのである。

ここで伊東が近代化のための政策理論ともなったという日本型革新思想は、講座派や労農派の理論だけではない。西欧文化を範型にした教養主義の思想と文化一般について拡張して考えることが可能なはずである。わたしが、教養主義の啓蒙的・進歩的機能といってきたものがこれである。

経営官僚と政策インテリ

教養知と異なった専門知や技術知の台頭とともに、マルクス主義を代表とする全体的社会変革のための社会哲学思想から専門技術学による段階的積み上げによる社会改良を目指す社会工学思想への転換、「思想インテリ」から「実務インテリ」、「抵抗型」知識人から「設計型」知識人への転換がいわれるようになる。イデオローグや社会哲学者ではなく、エコノミスト、システム・アナリスト、経営官僚の時代だ、が惹句《じゃっく》となった。

こうした新しい知の時代を左派から提唱したのが政治学者松下圭一だった。松下は、日本の社会科学者が巨視的体制理論には取り組んだが、具体的な生活環境の改善を理論化しえなかったとし、民主主義の「啓蒙インテリ」の時代から複雑な専門知識を駆使できる「政策インテリ」による「保守・革新の政策イニシャティヴ競争の時期に現在到達した」とした。身分的特権をともなう教養人から、機能的な知識人への脱皮の必要を論じた（「知的生産性の現代的課題」『展望』一九六五年七月号）。

大学紛争は大衆的サラリーマン像を鏡に、教養知の特権的欺瞞性を喧騒の中で白日の下に晒したが、実は、その前にサラリーマン社会は、テクノクラート型ビジネスマン（経営官僚）像を鏡に、専門知（機能的な知識人）への転換による教養知（教養人）の無用化を静かに宣言していた。そのかぎり、全共闘運動における大学解体の地ならしは、すでになされていたのである。

農村性の消滅

しかし教養主義は、大学紛争や技術学の到来によって解体されたというより、崩壊すべくして崩壊した。教養主義の覇権を成り立たせたインフラが崩壊したからである。

教養主義の輝きは、前章でみたように、農村と都会の、そして西欧と日本の文化格差をもとにしていた。農林漁業人口は一九三〇（昭和五）年五〇パーセント、五五（昭和三〇）年四一パーセントだった。ところが、六五（昭和四〇）年には、農林漁業人口は二五パーセントになる。この年、農業以外の収入のほうが農業の収入より多い二種兼業農家が専業農家を追い越した。ホワイトカラーと販売・サービスの合計（四〇パーセント）が、農林漁業人口よりはるかに多くなる。七〇（昭和四五）年には、ホワイトカラー（二五パーセント）だけで農林漁業人口（一九パーセント）よりも多くなった。七五（昭和五〇）年には農林漁業人口は一四パーセントになってしまった（図終-1）。

耐久消費財（電気冷蔵庫、電気洗濯機など）と乗用車についての農家と都市家庭の普及度の差も一九六〇年代後半から急速に縮小してくる。七〇年代以後は、農村と都市の生活様式にほとんど格差がなくなってくる。貧しく寂しい農村はほとんど消滅したのである。しかも都市一世から都市二世、三世の時代になる。寂しきときに望郷歌を口ずさむ出稼ぎ型都市人のキャラクターが過去のものとなり、農村的エートスが払拭され、都市型社会への変化がおきる。この変化は教養主義の根っこにあった文化的無意識である刻苦勉励的エートスの崩壊でもある。同時にインテリの教養主義と形影相伴った庶民の修養主義もインフラが崩壊したことになる。日本と西洋の文化格差も消滅する。

図終－1　職業別就業者の推移（%）

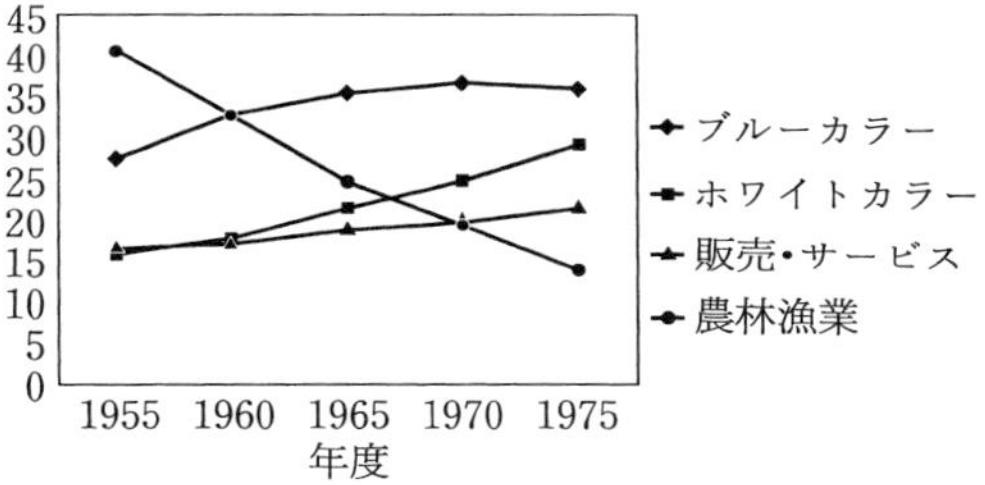

（注）ホワイトカラー：専門・管理・事務
（出所）国勢調査より作成

　評論家松本健一は、一九六四（昭和三九）年、つまり東京オリンピックの年を日本社会の転換点であるという説をとなえている。一九六四年におこった社会変化は、一九四五年の敗戦による変化よりも大きい。地方対中央、ムラ対都市、演歌対ポピュラー、大衆文学対純文学、大衆対知識人という近代日本の枠組みが終焉《しゅうえん》したからである（『戦後世代の風景』）。

このような転換の年を一九六四年と考えるか、もう少し遅く考えるかは別にして、松本の指摘する近代日本の枠組みの終焉こそ、教養知識人のハビトゥスを産出し、教養と教養主義の輝きをもたらした差異と落差の構造を解体させたものである。

大学生の書籍購入シェア

こうして、全共闘運動のあと一九七〇年代、キャンパスから教養主義文化が駆逐されていく。『岩波新書の50年』（岩波書店編集部編）は、このころの様子についてつぎのように書いている。

「岩波新書の初版部数のピークはこの頃であった。前年（一九六九年、竹内註）春以来の大学紛争などによって書籍の重版需要はかげりを見せはじめていた。（中略）青版時代（一九四九—七七年、竹内註）は、大学生が全体の読者層の第一位にあるといわれて、われわれもそのことを頭において仕事をすすめてきた。（中略）それが七〇年をすぎたころから、何となく学生の読者がへってきたような、逆にいえば読者層がひろがってきているという実感が編集部でも日常的に感じられるようになった」

ここでいう、「学生の読者がへってきたような」感じについて教育社会学者山口健二は、いくつかの読書調査の再分析によって計量的に明らかにすることを試みている。

山口によれば、一九六四年に購入された書籍のうち、短大生・大学生によって購入されたシェアは三二パーセントである。これに進学予備軍である、中高生を加えると、書籍の半数近くは学生によって購入されていた。それから三〇年後の一九九四年の短大生・大学生の書籍購入シェアは八パーセント。四分の一に落ちている（「読書の構造転換としての一九七〇年代」『大学のマス化段階における大学生の読書行動の変容についての実証的研究』）という。

しかし、六四年と九四年では、潜在読書人口に占める短大生・大学生の割合がかなりちがっている。それを考慮した実質低下率でみれば、四分の一どころではないはずである。ここでは、あくまで概算にすぎないが、六五年と九五年の一五―六四歳人口とそのときの大学・短大在学者数をもとに計算してみよう。

六五年の潜在読書人口（一五―六四歳人口）は六六九二万八〇〇〇人。大学・短大在学者数は一〇五万七〇〇〇人。したがって、六五年の大学・短大生は読書人口の一・六パーセントを占めていた。九五年の潜在読書人口（一五―六四歳人口）は、八七一六万五〇〇〇人。大学・短大在学者数二八二万人。したがって、九五年の大学・短大生は読書人口の三・二パーセントを占めたことになる。大学・短大の潜在読書人口シェアは、一・六パーセント（六五年）から、二倍（三・二パーセント、九五年）に増えている。九四年の大学生の書籍購入のシェアが、六四年の四分の一ということは、大学生の書籍購入の実質的シェアは、三〇年経過して、八分の一以下に縮小してしまったということである。

大学生の書籍購入のシェアの大幅な縮小は、大学生の書籍購入が減ったというよりも、大学生以外の社会人の書籍購入が増えたことによるともいえる。しかし、その場合でも、社会人とちがった「読書する」大学生という特色が消えたということにはなる。逆にいえば、一九六〇年代が、いかに大学生と読書が近接した時代であったかということがわかることにもなる。

七〇年代はじめの衰退

いま、大学生の読書が一九七〇年代に大きな翳《かげ》りをみせたのではないかと述べた。このことを序章でみた関西大学の学生調査で追跡してみよう。

序章では、教養主義がまだキャンパスの規範文化だった一九六五年までの調査を紹介した。そのときから七年後（一九七二年）同大学の読書調査においては、教養主義の形跡はほとんどみえなくなる。

よく読まれる雑誌は『スクリーン』『文藝春秋』『リーダーズ・ダイジェスト』『ポケットパンチ』『アサヒカメラ』（以上、月刊誌）、『プレイボーイ』『平凡パンチ』『週刊ポスト』『少年マガジン』『サンデー毎日』（以上、週刊誌）である。もはや『中央公論』も『世界』も

『エコノミスト』も登場しない。単行本の読書冊数は月平均二・八冊であるが、ほとんど読まない、が九パーセント、一冊しか読まない、が二一パーセントもいる（『関西大学通信』一九七二年一一月二二日）。関西大学では七〇年代はじめに教養主義の衰退がおこっている。

実は、この調査がおこなわれた翌年（七三年）、わたしはこの大学の専任講師となって授業やゼミを担当することになった。学生文化からの教養主義の衰退に戸惑いをおぼえたものである。

このころ、大卒が従来の事務職や技術職ではなく、スーパーマーケットや不動産などの販売職に就職する率が高まった。大卒のグレーカラー化（ホワイトカラーとブルーカラーの中間職）がいわれていた。そんな大卒の出口状況を考えれば、教養主義などというものはかえってお荷物かもしれない、とおもいはじめたことを記憶している。そして、つぎのようにもおもった。わたしが大学教師になる直前に全共闘運動がキャンパスを席捲したが、本章のはじめのほうで述べたように、全共闘運動は、教養主義（マルクス主義的教養主義、教養主義的マルクス主義）への愛憎並存からくる一種絶望的な求愛運動だった。しかし、ポスト全共闘世代の大学生にとっては、教養主義に代表される知識人文化は、もはや執着の対象ではなくなったのである、と。

第二次適応

全共闘世代が大学の理念やキャンパスの教養主義文化に対する愛憎並存を抱えながらの「家庭内暴力」世代だったとしたら、しらけ世代（と当時いわれた）のポスト全共闘世代は、難解本など手にしないことによって、教養主義の文化共同体からの「家出」世代である。にもかかわらず、大学卒業の資格だけはほしいのだから、家出というよりも「家庭（大学）内別居」世代というのが適切かもしれない。

かれらは全共闘世代のように大学知や教養主義に対する露骨な反逆はしなかった。しかし、四年間大学にいなければならないとしたら、軋轢《あつれき》をおこさず、最小限の努力で最大の満足感を得ようとするしたたかな適応だった。組織のたてまえの裏をかく、あるいはシステムを自分流に活用する「第二次」適応――本来の組織目標のもとで適応するのが「第一次」適応。それ以外のところで充足し、生き延びるのが「第二次」適応（アーヴィング・ゴッフマン『アサイラム』）――である。

高等教育の第二次適応型学生＝遊民型学生は、高等教育の歴史とともに古く、キャンパスのサブカルチャーとして存在してはいた。しかし、第一次適応派（まじめ、優等生型）や教養読書派がキャンパスの規範文化を担う分、あくまでサブカルチャーないしは裏文化だった。レジャーランド大学は、ポスト全共闘世代の「第二次」適応がキャンパスの表文化になることによって誕生したものである。

東大・京大は八〇年代に衰退

教養主義の終焉を示した関西大学の調査がおこなわれる二年前（一九七〇年）の東京大学の読書調査では、定期刊行物で読まれているものは、表終-1のとおりである。マンガ（『少年マガジン』）が二位にきているが、それでも『朝日ジャーナル』が一位であり、『世界』や『中央公論』も上位にある。先の関西大学での調査と比較してみると、教養主義の衰退は大学によって時差があったことを示唆している。

表終-1　定期刊行物で読まれているもの（東京大学生）

順位	書籍名	数
1	朝日ジャーナル	107
2	少年マガジン	80
3	世界	45
4	文藝春秋	34
4	中央公論	34
6	少年サンデー	25
7	週刊朝日	24
8	展望	18
9	エコノミスト	17
10	サンデー毎日	16

（出所）東京大学広報委員会『学内広報』No.98，1970

図終-2は京都大学の卒業生（教育学部と経済学部）調査（回顧調査）によって卒業年度別に学生時代よく読んだジャンルを教養書（新書なども含む）、思想書（啓蒙書、人生論なども含む）、マンガ、趣味・娯楽本に分けてみたものである。京都大学は、東京大学と並んで学生文化における教養主義の衰退が遅かった大学であるが、それでも思想書や教養書は七三—七六年卒業生をピークとして、以後下降している。卒業年度が新しくなるにつれて、教養書、思想書が低落し、マンガ、趣味・娯楽本が増大している傾向がはっきりしている。八〇年以後の卒業生においては、読書における教養書や思想書の優位性はみられない。

図終-2を集計した山口健二は、これとは別に京都大学学生調査（『学生生活実態調査』）によって、一九六三年から九三年まで各年度ごとの一ヵ月平均書籍費の推移についても集計している。この間の物価調整として、岩波文庫の星一つの値段を使用しているが、その知見は、京大生の書籍購入は、五〇年代から六〇年代にかけて増加し、その後高原状態をつづけたが、八〇年代に大きく下降に転じるようになった（「大学生と読書」）というものである。大学によって学生文化における教養主義の衰退に差があったが、七〇年代から八〇年代にかけて日本の大学生文化から規範文化としての教養主義が大きく衰退したといえる。

このころ文庫本ブームがはじまった。カバーが派手になっただけではない。従来文庫といえば、名作や古典に決まっていたのが、大衆的な現代作家の作品が大量に文庫化された。方針を変更した角川文庫がその急先鋒だった。文庫が教養主義のよりしろという時代が終わったのである。そして総合雑誌が売れなくなった。六〇年代に総合雑誌の雄を誇り一五万部以上の販売部数があったといわれる『中央公論』も、しだいに販売実数が減少する。大学紛争で一時的復興はあったものの、「論壇の終焉」（見田宗介《みたむねすけ》「論壇時評」『読売新聞』一九七六年五

図終－2　卒業年度別京都大学生の読書傾向

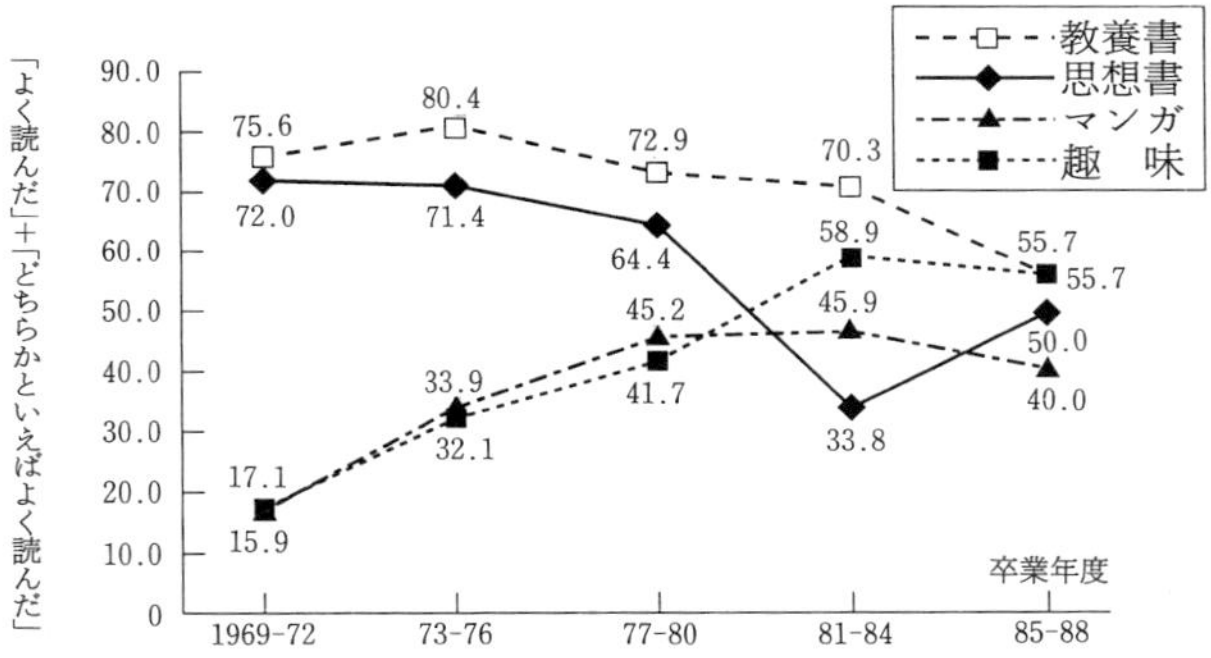

調査について詳しくは山口健二「京都大学卒業生と読書」『京都大学卒業生意識調査』1996年を参照

月三一日、夕刊）がいわれた七〇年代に一〇万部を切る。八〇年代は八万部から七万部となり、九〇年代は、六万五〇〇〇部前後となった。

　教養共同体と知識人の公共圏が萎縮《いしゅく》してしまったのである。知識人論が影をひそめると同時に、学生論も影をひそめた。学生論は青年論や若者論一般に回収された。知識人と大衆だけでなく、学生と勤労青年の文化の境界が融解した。一般教養（科目）についても、学生用語では、パンキョウと片仮名表記されるようになった。

　一九八四年（第三四回）の東京大学学生生活実態調査によれば、よく読んでいる雑誌のベストテンは、順に、『ぴあ』『少年ジャンプ』『FOCUS』『朝日ジャーナル』『週刊朝日』『ヤングジャンプ』『少年サンデー』『ビッグコミック』『ホットドッグプレス』『法学教室』である。英字週刊誌『TIME』

は一四位、『世界』は一七位、『サイエンス』が一八位である(東大生活実態調査委員会、一九八五年)。上位にあがっている雑誌の『ぴあ』『少年ジャンプ』『FOCUS』は、若者一般の人気雑誌であるから、東京大学の独自性はみられない。

さきの東京大学調査から一二年後、一九九六年の京都大学四回生を対象にしておこなわれた読書調査の結果をみよう。立ち読みも含むという条件つきではあるが、上位三誌は『少年ジャンプ』『ビッグコミックスピリッツ』『少年マガジン』のコミックス系である。『ニューズ・ウイーク』や『AERA』がわずかにカテゴリー別で六位に登場している。『世界』や『中央公論』、『諸君』などの総合雑誌を挙げた者は一パーセントにすぎない。印象に残った本や作家においても若者一般のベストセラーと変わりばえがしない(『京都大学の教育と学生生活』)。

岩波書店の刊行物のなかで翻訳書が多いことに再三触れてきた。多いときには、その割合は四〇パーセントを超えていた。少ないときでも三〇パーセント前後はあった。その割合が三〇パーセントを切り、二〇パーセント台になるのが八〇年ごろからである。やがて二〇パーセントさえ割るようになる(表4-3)。

ビートたけし

ここで、読者にとっては唐突かもしれないが、こうした教養主義派排除統一戦線の影のイデオローグは、ビートたけしではなかったろうか、と思うのである。2章で触れた石原慎太郎の知性の内乱、教養主義への反乱を最終的に完成したのがビートたけしではないか、と。

たけしは、吉本隆明・埴谷雄高の論争にも割って入る。論争は、はじめに文学者の反核運動をめぐっての吉本論文（『試行』一九八四年一一月号）があり、これに対して埴谷が「政治と文学と」という反論を『海燕《かいえん》』（一九八五年二月号）に発表したことからはじまった。以後は、『海燕』（三―五月号）で論争がおこなわれる。政治と文学から、吉本が雑誌『アンアン』のコム・デ・ギャルソンの広告に登場したことまでもが論争の種になる。話題を呼んだ論争である。たけしは、この論争についてお笑い芸人として観戦記を書いている。そして、全共闘学生が神格化した吉本隆明にさえつぎのようにいってしまう。

「『「革命」とは「現在」の市民社会の内部に膨大な質量でせり上ってきた消費としての賃労働者（階級）の大衆的理念が、いかにして生産労働としての自己階級と自己階級の理念を超えてゆくか、という課題だと考えております』（『海燕』三月号）と書いているから、大衆がテーマになっている。でもオレたちのような大衆が読んでもイメージのわかない言葉は、何のための、だれに向けた言葉なのか。それがわからない。（中略）年寄りだけにわかる言葉を使って、現実からますます遠ざかっていくのはなぜか、わからない」

さらにこういう。「吉本さんは動くことで地位が下がったね。『アンアン』なんかに出て動けば動くほどダメになっていく。オレはエライと思うけど、一般大衆はそう思わない、逆だね」（「もっと阿呆になれ、吉本！」『朝日ジャーナル』一九八五年七月一九日号）。

たけしが漫才師と自己規定しながら知識人の言説を茶化せば茶化すほど、反教養主義派統一戦線のイデオローグとして機能してしまう。全共闘学生は、丸山眞男に代表される教養エリートを壊滅させるために吉本隆明を必要としたが、レジャーランド大学生は、プチ教養主義を解体するためにビートたけしの知識人殺しを歓迎した。

ビートたけしのこうした役回りをみていると、才に富んだ、ガキ大将を思い浮かべてしまう。「野郎ども《ラッズ》」や大衆平均人が目障りなのは、「優等生」や優等生「もどき」の「耳穴っ子《イヤー・オールズ》」（「耳《イヤー》というのは、人間の身体のなかでも表現力のもっとも乏しい、もっぱら他人の表現を受容する器官である。おまけに、じめじめしている耳の穴にはすぐアカがたまる。たてまえどおりの学校生活に同調する生徒たちを、〈野郎ども〉はこのようにイメージして悦に入っているのである」ポール・ウィルス『ハマータウンの野郎ども』）である。しかし、野郎どもだけでは、せいぜいが「優等生」や「耳穴っ子」に物理的暴力を振るうか、罵詈雑言を投げつけることしかできない。だから、「優等生」を「優等生」の論理で揶揄《やゆ》し、「対抗的」象徴的暴力を振るえる「知的」野郎どもが出てくれれば、ヒーローとして迎えられる。たけしという知的野郎どもは、野郎どもや大衆的平均人を観客にしながら、「優等生」と「耳穴っ子」をいじめるのである。

たけしは、知識人が「余計者《すねもの》型」（無用者型）や、彼方に社会主義などの王国を措定する「メシア型」（反体制型）を経て、化石化してしまったときにあらわれた、知識人の原初形態に近い「道化型」ではあるとしても。そして、才に富んだガキ大将が内心では愚鈍な悪ガキを軽蔑しているように、たけしは、愚鈍で下劣な大衆的品性をきらっているはずだとしても。一九八九年調査で男子大学生が選んだ日本を代表する文化人の一位は夏目漱石、二位はビートたけし（『読売新聞』一一月四日）である。

相対的比率と外縁文化

ここで注意しなければならないのは、キャンパスにおいて教養主義が規範文化だったところにも、比率でみれば、プチ教養主義者を含めて教養主義派の読書階級は半数にさえとても達していなかったことである。実利志向や享楽志向、あるいは運動部的なサブカルチャーの学生が多かったのである。序章で、大学生の総合雑誌読書率がいまからみれば多いが、それでも学生全体のせいぜい二〇―三〇パーセントだったといったことを思い出してほしい。教養主義派の学生がこの程度の割合だったことは、教養主義とマルクス主義がよみがえった一九五〇年代に大学生だったマスコミ研究学者山本明（一九三二―九九）の言にもみることができる。山本は一九五一年に同志社大学に入学し、五五年に卒業した。そのころの大学生について山本はつぎのようにいう。

五分の三は「読書階級」といえない学生で、戦前型「読書人」が五分の一、マルクス主義文献を読書する者が五分の一だった（「新しい読者の新しい読み方」『読者を探せ』）、と。むろんこれは山本の大雑把な印象論である。そうではあるが、教養主義やマルクス主義がキャンパスを席捲した時代でさえ、半分以上の学生は、読書階級とはいえなかったのである。五〇年代を除けば、いや五〇年代においても、そもそも教養主義派（マルクス主義派を含めて）の学生が四〇パーセントもいたとは思えない。

しかし、その割合が二、三割程度であっても、学生文化の中で教養主義派が相対的多数派であれば、小党分立状態がそうであるように、覇権を握ることができる。しかも、大学の外側には、教養主義とエートスが相似である修養主義もあった。修養主義が庶民の規範文化であったときには、教養主義は人格主義や努力主義のインテリ篇として庶民のモラルと共振しながら尊敬のまなざしがそそがれた。また、教養主義の進歩的・啓蒙的機能への信頼のまなざしもあった。教養主義派はキャンパスにおける割合が二〇―三〇パーセントであっても、相対的多数派となり、さらに、キャンパスの外側からの支援によって規範文化（儀礼文化）となりえたのである。

ところがすでにみたように、七〇年代からキャンパスにおいて教養主義派が相対的少数派に転落する。キャンパスの外でも、「努力」や「がんばる」という言葉が光を失い、苦労が人を鍛え、世情に通じさせるという苦労人物語も衰微する。庶民文化にあった修養主義も、新制中学校にまで義務教育が延びることによって戦後台頭した人生論――『人生手帖』（文理書院）は一九五二年から七四年まで、『葦《あし》』（葦出版社―八雲書店）は一九四九年から六〇年まで刊行された。最盛期には『人生手帖』八万部、『葦』五万―七万部、『人生』（池田書店、一九五五―五六年）二万五〇〇〇部が出ていた。「人間完成」や「社会改造への努力」、「向上」、「自活」、「勉強」などをキーワードとする投稿作文が多く掲載されている。読者のほとんどが勤労青少年（工員や店員、下級ホワイトカラー）や働きながら学ぶ夜学生――という草の根教養主義も終焉する。教養の進歩的・啓蒙的機能への信頼も失われる。教養主義の支援文化がなくなったのである。

新中間大衆文化

教養主義の終焉は、これまでみたような支持的社会構造や支援文化の崩壊という消極的要因だけによるのではない。決定的な、つまり教養主義崩壊の積極的要因は、一九七〇年代後半以後の「新中間大衆社会」の構造と文化にある。

新中間大衆社会とは、経済学者村上泰亮(一九三一―九三)によって命名されたものである。ホワイトカラーだけでなくブルーカラー、自営層、農民までを含んだ中間意識を総称したものである。しかし新中間大衆社会は、一億総「中流階級」社会の別名ではないことにとくに注意したい。新中間大衆社会は、中流階級だけではなく階級社会の消滅の現状をいいあてているのである。

社会階級はマックス・ウェーバーに準拠すれば、経済的次元と政治的次元、そして文化的(生活様式)次元での成層化をもとにした社会的カテゴリーである(「身分と階級」『権力と支配』)。三つの次元それぞれにおける序列距離が大きく、しかも高所得者は権力をもち高学歴であり、中位所得者は、権力もほどほど学歴も中流というように、相互の次元での地位の一貫性が高いときに、上流階級・中流階級・下層階級は実体的カテゴリーとなる。階級が構造化するのである。

ところが、村上は、高度成長のあとに階級が溶解しはじめたとする。階級の構造化にかかわる経済的次元と政治的次元、そして文化的(生活様式)次元それぞれでの序列が均質化するか、序列があってもその重要度が下がってきたからである。さらに、経済的に恵まれているが学歴は低いというパターンやその逆、つまり学歴は高いが経済的には恵まれていないというパターンのように三つの次元それぞれにおける地位の一貫性《ステイタス・インコンシステンシー》が低くなることによって、階級の構造化の契機が溶解している。その結果、「伝統的な意味での中流階級の輪郭は消え去りつつあって、階層的に構造化されない膨大な大衆が歴史の舞台に登場してきたように見える」（傍点竹内、『新中間大衆の時代』）、というのである。

ホワイトカラーだけでなくブルーカラー、自営層、農民までを含んだ新中間大衆とは「階層的に構造化されない膨大な大衆」の中間意識ということになる。

凡俗への居直り

とすれば、新中間大衆文化は、前章でみた一九六〇年代前後にいわれた向上心とスノビズムがまじった新中流階級的な「中間文化」（加藤秀俊）――新中間大衆文化への芽生えはみられるが――とは異なっている。上や下についての距離の意識が脆弱《ぜいじゃく》なのだから、「中間意識」といういいかたそのものが実態を正確に伝えていないようにわたしには思える。上と下への距離の意識を限りなく希薄化させた中間意識である。

新中間大衆文化は、隣人と同じ振る舞いを目指し、すべて高貴なものを引きずりおろそうとするフリードリッヒ・ニーチェのいう「畜群《ヘールデ》」（衆愚）道徳に近いものではなかろうか。ニーチェはいう。「中間のものと中位のものとを、最高であってこのうえなく価値あるものと評価するが、これは、多数者が住みついている場所であり、多数者がこの場所に住みつくやり方である。（中略）中間のもののうちでは恐怖というものがなくなる。ここにいるのはおのれの仲間だけだからである。ここには誤解される余地もほとんどなく、ここには平等があり、ここでは、おのれ自身の存在が非難されるべきものとしてではなく、正当な存在として感ぜられ、ここには満足感が支配している。不信は例外者に関することであり、例外者であることは罪責とみなされる」（『権力への意志』）。

あるいは、ホセ・オルテガ・イ・ガセットがいった凡俗に居直る――「凡俗な人間が、自分が凡俗であるのを知りながら、敢然と凡俗であることの権利を主張し、それをあらゆる所で押し通そうとする」（『大衆の反逆』）――大衆平均人の文化といったほうが実態に即している。「サラリーマン」型人間像つまり大衆平均人間にむけて強力な鑢《やすり》をかける文化である。こうした意味での「サラリーマン」文化の蔓延と覇権こそ教養主義の終わりをもたらした最大の社会構造と文化である。

かくて、フランスの社会学者ブルデューのいう正統文化（教養）による象徴的暴力など、いまの大学キャンパスではとても考えられにくい。機能的にはいまやサラリーマン文化、あるいはエンターテインメント文化である大衆平均人文化こそ正統文化の位置にある。高級文化からの逸脱である「野卑」「無教養」からよりも、大衆平均人文化からの逸脱である「変人」「おたく」ラベルから生じる象徴的暴力と困惑のほうが大きいからだ。

キョウヨウ

わたしが教養主義の死を身近でつくづく感じさせられたのは、大学の授業で旧制高校の生活について触れ、教養主義についていくらかの説明をしたときのことである。ある学生が質問をした。「昔の学生はなぜそんなに難しい本を読まなければならないと思ったのか？　それに、読書で人格形成するという考え方がわかりづらい」、という率直な、いや率直すぎるともいえる質問に出会ったときである。

わたしのほうは、旧制高校的教養主義をもういちどそのまま甦らすべきだなどという気持ちはないにしても、読書による人間形成というそんな時代があったこと、いまでも学生生活の一部分がそうであっても当たり前だ、と思っている古い世代である。「読書で人格形成するという考え方がわかりづらい」というのは、そんなわたしのような世代にはやはり意表を突く質問としかいいようがなかった。しかし、それだけにあらためて教養主義の終焉を実感することになった。

そうはいってもいまの学生が人間形成になんの関心もないというわけではないだろう。むろんかれらは、人間形成などという言葉をあからさまに使うわけではないが、キャンパス・ライフが生きていく術を学ぶ時間や空間と思っていることは疑いえないところである。しかし、いまや学生にとっては、ビデオも漫画もサークル活動も友人とのつきあいもファッションの知識もギャグのノリさえも重要である。読書はせいぜいそうした道具立てのなかのひとつにしかすぎないということであろう。あらためていまの学生の「教養」コンセプトを考えなければならないとおもうようになった。

そこで、一九九五年に、筒井清忠とわたしが代表になって大学生に対するアンケート調査（国立大学二校と私立大学二校、有効回答数七〇〇人）をおこなった。アンケート調査の質問項目に、「あなたの在学中の大学がどのような場所であると思うか」という問いを立て、a「将来の仕事のために、専門的な知識を獲得する場所」、b「人間形成のための幅広い教養を獲得する場所」、c「就職に有利な学歴を獲得する場所」、d「友人との交際やサークル活動など自由な時間を過ごす場所」の四項目を設定し、「そう思う」「どちらかといえばそう思う」「どちらかといえばそう思わない」「そう思わない」の四点尺度で回答してもらった。

この調査についての吉田純などの計量的分析によれば、四つの変数（abcd）間に正の相関があるが、「幅広い教養」の場所として大学を位置づける者と学生生活において「友人との交際」を重視する者との相関がもっとも高い。一般教養科目や専門科目を熱心に勉強する学生よりも友人との交際に熱心な学生が、大学を幅広い教養を獲得する場所としてイメージしている。読書パターンにおいては、思想書の読書と文学書の読書に相関が低い。思想書の読書は専門書の読書との相関が高くなっている。

こうしたことから、現代の大学生は人間形成の手段として従来の人文的教養ではなく、友人との交際を選ぶ傾向が強く、同時にかつての文学書と思想書をつうじての人文的教養概念が解体している、という知見を得ている（筒井清忠・吉田純ほか「現代大学生における『教養』の計量的研究」『京都社会学年報』第四号、一九九六年）。

とすれば、読書を中心に人間形成を考えた昔の学生は、いってみれば漢字の「教養」に生きたが、一般常識や一般経験を人間形成の道筋としているいまの学生は、ライトな教養であるがゆえに、片仮名の「キョウヨウ」に生きていることになる。

サラリーマン文化への適応

たしかに、旧制高校的な教養主義は読書中心主義で「栄華の巷低《ちまた》くみて」（一高東寮寮歌「嗚呼《ああ》玉杯に花うけて」）のように大衆と世間を外部化した特権的学生文化だった。しかし、それではいまの学生の「キョウヨウ」は、「教養」に代わる反エリート主義文化として評価されるものだろうか。

「キョウヨウ」は、高踏的ではないが、軋轢を避け、円滑な人間関係を目指したものであるから、世間並とふつうにすりよっているだけといえないだろうか。そう、ちょうど教室でいじめにあわないために、クラスの最大公約数文化に同調するように。教養主義が大衆文化との差異化主義であるとすれば、キョウヨウ主義は大衆文化への同化主義である。とすれば、キョウヨウはさきほど触れたサラリーマン文化（平均人、大衆人）への適応戦略でしかないということになる。

教養主義と人格主義の世界を生きた学生たちは、「俺は俺自身の悩みを悩み、俺自身の運命を開拓する。此悩みと此努力とは俺を一歩づゝ人生の深みに導き、人生に対する俺の態度を徐々として精鋭にするに違ひない」（『三太郎の日記』）というように悩みに悩んだきらいがある。ところがいまの学生は悩みができると、悩みをもつということだけでふ、つ、う、か、ら、逸、脱、している証として咎《とが》のように思ってしまう傾向があるが、過剰な現実適応学生文化と無縁ではない。

適応・超越・自省

「適応」は教養のひとつの機能ではある。しかし、教養の機能は、「適応」だけではなかった。社会学者井上俊《しゅん》は文化の作用として「適応」「超越」「自省」の三つを挙げている。教養の意味を考えるうえでこの三つの作用は重要であるから、井上の指摘によってみよう。

「適応」つまり人間の環境への適合を助け、日常生活の欲求充足をはかることは文化の基本的な働きである。実用性がこれにあたる。しかし、効率や打算、妥協などの実用性を超える働きも文化の中に含まれている。「超越」である。実用主義に対して理想主義といってもよい。しかし、文化にはさらにもうひとつの機能もある。「自省」である。みずからの妥当性や正統性を疑う作用である。自問や自省の働きである。

もともと文化の自省機能は、超越機能から派生したものであるが、しだいに超越要因から自立し、独自の意味をもつようになる。というのは「自省的要因から発せられる懐疑の矢は、一方で現実適応的要因の働きに向けられて、超越的要因からの理想主義的な現実批判とはちがった形の批判を生みだすだけでなく、他方では、超越的要因そのものの働きにも向けられうるからである」（「日本文化の一〇〇年」『悪夢の選択』）。逆に自省的懐疑主義も超越的理想主義や適応的実用主義から批判と相対化に晒される。文化はこの三つの作用の拮抗とダイナミズムからなっている。

そして井上は、一九七〇年代以降の状況を文化の適応機能が肥大し、超越、自省の作用の衰えによる一元化が急速に進行し、三つの作用の拮抗と補完の動的な関係が喪失していると している。それは、文化における活力や創造力の喪失につながるものである。

井上のいう文化の三つの作用は、文化の学習である教養についてもいえるだろう。人間形成には、現実に距離をとる超越性や超越性を相対化する自省の契機が不可欠であるが、適応文化である「キョウヨウ」にはそうした契機がみえにくいのである。教養主義の終焉は特権的教養を放逐したが、同時にさきに触れた大衆平均人（サラリーマン型人間像）文化と適応の文化（実用主義）の蔓延をもたらしたのではなかろうか。

これまでみてきたように、旧制高校的教養主義をいまさらよみがえらせることは時代錯誤ではある。しかし、教養の意味や機能ということになると、旧制高校的教養主義から掬《すく》いあげるべきこともある、とわたしはおもう。ひとりの人物をみよう。

前尾繁三郎

旧制高校の教養主義の香りのなかで学生生活をおくった人に、のちに通産大臣や衆議院議長になった、前尾《まえお》繁三郎《しげさぶろう》（一九〇五―八一）がいる。堂々たる体軀《たいく》、大づくりな鼻や唇。そのうえもっさりしていたことから「暗闇の黒牛」という異名をもった政治家である。

前尾は一九二四（大正一三）年に第一高等学校に入学した。放課後は中庭で糸まりの野球をし、夜は九時ごろまで図書館に通い、『善の研究』や『三太郎の日記』『ウィルヘルム・マイスター』『ファウスト』『ツァラトゥストラはかく語りき』『純粋理性批判』『実践理性批判』などを読んだ。授業では漱石の『三四郎』に登場する「偉大なる暗闇」広田萇《ちょう》先生のモデルといわれた岩元禎《いわもとてい》（一八六九―一九四一）にドイツ語と哲学を習った。東京帝大法学部では吉野作造の授業を熱心に聴講した。

岩元禎から教育を受けて五〇年後（一九七三年七月一日）、前尾は、石坂泰三《いしざかたいぞう》（一九〇七年卒）など一高同窓会有志とともに岩元先生三三回忌を機に、横浜市鶴見区の総持寺《そうじじ》に哲学碑を建立した。哲学碑には岩元が一高の哲学概論で生徒にノートさせた冒頭の部分「哲学は吾人の有限を以て宇宙の無限を包括せんとする企図なり」の文章が刻まれている。

哲学碑の除幕式がおこなわれたとき、前尾は岩元先生を回想しながらこういっている。「先生からドイツ語や哲学をならってから、五〇年経った。いまとなってはすっかりドイツ語は忘れてしまった。哲学概論も冒頭の文章以外は覚えていない。「しかし、学問に対する尊厳とそれに挑む気魄《きはく》というようなものが、知らず知らずの中《うち》に培われ、私のその後の人間形成にどのくらい役立ったかは測り知れない」（「岩本禎先生の哲学碑」『文藝春秋』一九七三年九月号）、と。

前尾は官僚となってからは地方税という地味な問題をこつこつ勉強した。政治家になっても趣味は古本収集だった。蔵書は、財政、経済から字源、語源関係まで洋書、和書、漢籍で約四万冊を数えた。著書も『政の心』や『現代政治の課題』『十二支攷《こう》』など多数ある。著作、読書のほかに囲碁と小唄までひろい趣味をもっていた。請われると、「不如楽之者」（コレヲ楽シム者ニ如《し》カズ――『論語』）や「人不知而不慍」（人知ラズシテウラミズ――同）などの文を揮毫した。側近には、しばしば「大事なのは何を為さざるかであり、おこなわざるも勇だ」といったという。

じゃまをする教養

エリートはまわりからちやほやされる。驕慢《きょうまん》というエリート病に罹患しやすい。だからエリートになによりも必要なものは現実を超える超越の精神や畏怖《いふ》する感性である。前尾にとって、現実の政治や官吏としての仕事を相対化し、反省するまなざしが教養だったのである。前尾については、教養の深さが総理の座を遠いものにしたといわれる。元気がよいだけの人間や世渡り上手な人間、便乗者には、ありきたりの返事しかしなかったため、煙たがられたからである。前尾にとって教養とは「ひけらかす」(差異化)ものでないのはもちろん、必ずしも「得をする」(立身出世)ものでもなかった。自分と戦い、ときには周囲に煙たがられ、自分の存在を危うくする、「じゃまをする」ものだった。ここに教養の意味の核心部分があるように思われる。

わたしは、教養人といったときに、森鷗外や夏目漱石と並んでというより、それ以上に前尾繁三郎や木川田一隆《かずたか》(元東京電力会長、一八九九―一九七七)のような実務型知識人をおもい浮かべてしまう。

木川田は、旧制山形高校生のときに河合栄治郎の労働問題関係の著作を読み社会問題に興味をもった。河合門下になるべく東京帝大経済学部に入学する。しかし、木川田が入学したとき（一九二三年）、河合は英国留学中だった。講義を聴けることになったのは、一九二五（大正一四）年夏に河合が帰国してからだった。憧れの河合に少しでも近づこうとして、教室の最前列で聴講した。卒業して、労働問題に取り組もうと三菱鉱業の入社試験を受けた。ところが就職試験のときに、当時問題になっていた労働組合法案をめぐって、面接委員と激論を戦わせてしまい、不合格になる。結局、第二志望の東京電燈（東京電力）に入社した。木川田はそんな若い日の自分を振り返りながら、「このごろ入社試験の面接に立ちあっていて反骨精神に富んだ人物に出くわすとそのころのことを思い出して、微苦笑することがある」（「私の履歴書」）、と書いている。

教養主義が敗北・終焉し、同時に教養の輪郭が失われているが、そうであればこそ、いまこそ、教養とはなにかをことのはじめから考えるチャンスがやってきたのだともいえる。これからの教養を考えるためのひとつのヒントになるとおもわれるものは、大正教養主義はたしかに書籍や総合雑誌などの印刷媒体とともに花開いたが、それとともに忘れてはならないのは、前尾や木川田にみることができるように、教師や友人などの人的媒体《ヒューマン・メディエム》を介しながら培われたものであったことである。戦後の大衆教養主義は、こうした教養の人的媒体をいちじるしく希薄化させたのではなかろうか。教養の培われる場としての対面的人格関係は、これからの教養を考えるうえで大事にしたい視点である。教養教育を含めて新しい時代の教養を考えることは、人間における矜持と高貴さ、文化における自省と超越機能の回復の道の探索であることを強調して、結びとしたい。

あとがき

教養主義といえば、『三太郎の日記』や『善の研究』（岩波書店版）が刊行された大正時代を、あるいはレクラム文庫や岩波文庫を読む旧制高等学校生を想定するのが通念的理解である。こうした理解が間違っているわけではないが、本書で詳しく説明したように、教養主義は、高等教育の拡大と足並みをそろえ、むしろ戦後日本社会において、大衆的教養主義としてクライマックスを迎えたことを忘れてはならない、とおもう。教養主義は、旧制高等学校世代の話だけでなく、一九七〇年前後までの学生文化だったのである。いやむしろ、文庫本や新書、全集、総合雑誌という教養主義のツールや衣装の普及は、戦後のほうが断然大きい。序章でわたしのプチ教養主義者の由来を語ったが、これを戦後の大衆教養主義の時代を象徴する逸話として読んでもらえるはずである。

本書が教養主義について年代記的記述の形式を踏まずに、戦後日本社会と戦前とを行きつ戻りつする論述スタイルをとっているのは、教養主義が戦前と戦後で連続していること、それ以上に戦後日本でこそ、教養主義は大衆化したというわたしの考えによるものである。

こうした戦後日本の学生文化と戦前の学生文化を同時並行的にみるという論述スタイルによって、団塊の世代よりも年長、つまりいま五〇歳代半ば以上の世代が、教養をめぐるそれぞれの思い出とルーツを再吟味するきっかけになれば、うれしい。さらに、教養も教養主義も歴史現象に近いものになってしまった若い読者には、より近い時代から遡及《そきゅう》するという本書の方法が、教養主義とはどのようなものだったかについてのリアリティを高めることに役立ってくれれば、とおもう。

教養主義の定訳は culturalism だから、それに依拠すれば、教養主義者は culturalist となるだろう。しかし、それぞれを fetish of culture や cultural fetishist と訳したいところもある。教養主義や教養主義者をめぐるこうしたニュアンスを含めて、近・現代日本におけるエリート学生文化のひとつの風景が伝達できれば、との思いで執筆した。

本書をまとめる時間的余裕ができたのは、二〇〇二年、北京日本学研究センターの客員教授として北京に滞在し、授業以外は自由な時間に恵まれたからである。北京での生活にも慣れた一〇月から一二月末にかけて、公務以外の時間を使って本書の原型ができた。データなどの細かな作業については帰国後補足した。

帰国の日（一月一〇日）午前六時、北京はまだ真っ暗で、気温は零下一〇度だったが、受講生だった魏然《ウエイ・ラン》さんはじめ社会コース全員八名の大学院生がホテルまで見送りにきてくれた。また現地生活でなにかと助力いただいた吉村澄代さん（中国国際放送局・京大大学院生）にも見送りいただいた。いつまでも手を振ってくれたひとりひとりの顔がいまでもはっきりと甦る。季節も風景もちがってはいたが、「君が手もまじる成《なる》べしはな薄《すすき》」（去来）のような別れ。教養主義とおなじく、こんな別れ、こんな教師・学生関係も一九六〇年代前半までの日本には珍しくはなかった。ささやかな本書をかれらに捧げさせていただき、かれらの研究生活での大成を祈りたい。

本書は書き下ろしであるが、教養主義については、『日本の近代12　学歴貴族の栄光と挫折』（中央公論新社）や「教養知識人のハビトゥスと身体」（青木保ほか編『知識人』岩波書店、一九九九年）などで触れてきたので、既発表のものと重複する部分もある。重複部分をそのつどことわることはかえって煩瑣《はんさ》になるので、省略している。読者の御海容を乞いたい。

中公新書編集部の松室徹さんからは、ずいぶん以前に執筆のお誘いをいただいていたのだが、氏の激励と貴重な助言を得て上梓《じょうし》できるまでになって、ほっとしている。京都大学大学院教育社会学研究室助手薄葉毅さん、同研究室事務補佐員澤田舞子さん、大阪外国語大学非常勤講師林晃子さんには資料収集や整理でご苦労いただいた。記して感謝の気持ちを表させていただきたいとおもう。最後になったが、貴重な写真や図版を本書のために提供してくださった岩波書店、角川大映映画、京都大学大学文書館、文藝春秋、読売新聞社の関係者のみなさまに深謝したい。

二〇〇三年六月一五日

竹内　洋

主要参考文献

文中や図表で出所を明記したものは省いている

全章にわたるもの

饗庭孝男『日本近代の世紀末』文藝春秋、一九九〇年
朝日新聞社編『ベストセラー物語』(上下)、朝日新聞社、一九七八年
阿部次郎『合本　三太郎の日記』角川書店、一九五〇年
伊藤整「教養主義の末路」『新潮』一九五三年一二月号
岩波書店編集部編『近代日本総合年表』第三版、岩波書店、一九九四年
内田義彦『日本資本主義の思想像』岩波書店、一九六七年
唐木順三『新版　現代史への試み』筑摩書房、一九七三年
久野収・鶴見俊輔・藤田省三『戦後日本の思想』講談社文庫、一九七六年
桜井哲夫『メシアニズムの終焉』筑摩書房、一九九一年
『思想』「自第一号至五〇〇号　思想　総目次」一九六六年三月号

総務庁統計局『日本統計年鑑』第九、一七、二四、四九回、日本統計協会、一九五九、六七、七四、二〇〇〇年
竹内洋『選抜社会』メディアファクトリー、一九八八年
竹内洋『立志・苦学・出世』講談社現代新書、一九九一年
竹内洋『立身出世主義――近代日本のロマンと欲望』NHKライブラリー、一九九七年
竹内洋『日本の近代12　学歴貴族の栄光と挫折』中央公論新社、一九九九年
竹内洋「学歴エリート・教養・文化資本」宮島喬編『講座社会学7　文化』東京大学出版会、二〇〇〇年
竹内洋『大衆モダニズムの夢の跡』新曜社、二〇〇一年
竹内洋『大学という病　東大紛擾と教授群像』中央公論新社、二〇〇一年
竹内洋研究代表『大衆教育時代におけるエリート中等学校の学校文化と人間形成に関する比較研究』平成一一―一三年度文部省科学研究費補助金研究報告書、二〇〇二年
筒井清忠『日本型「教養」の運命』岩波書店、一九九五年
永嶺重敏『雑誌と読者の近代』日本エディタースクール出版部、一九九七年
日本近代文学館編『日本近代文学大事典』全六巻、講談社、一九七七―七八年
野田宣雄『ドイツ教養市民層の歴史』講談社学術文庫、一九九七年

秦郁彦編『日本近現代人物履歴事典』東京大学出版会、二〇〇二年
広島大学大学教育研究センター『高等教育統計データ集』、一九九五年
ピエール・ブルデュー（今村仁司ほか訳）『実践感覚』1、2、みすず書房、一九八八、一九九〇年
ピエール・ブルデュー（石井洋二郎訳）『ディスタンクシオン』I、II、藤原書店、一九九〇年
ピエール・ブルデュー（田原音和・水島和則訳）『社会学者のメチエ』藤原書店、一九九四年
ピエール・ブルデュー（石井洋二郎訳）『芸術の規則』I、II、藤原書店、一九九五、九六年
三浦雅士『青春の終焉』講談社、二〇〇一年
文部省『学校基本調査報告書（高等教育機関）』（各年版）
山崎正和「『インテリ』の盛衰　昭和の知的社会」『日本文化と個人主義』中央公論社、一九九〇年
渡辺かよ子『近現代日本の教養論』行路社、一九九七年
Pierre Bourdieu and L.J.D. Wacquant, *An Invitation to Reflexive Sociology*, University of Chicago

Press, 1992
Pierre Bourdieu, *The Field of Cultural Production*, Polity Press, 1993

序章

マックス・ウェーバー（中村貞二ほか訳）『政治論集』1、2、みすず書房、一九八二年
マックス・ウェーバー（梶山力・大塚久雄訳）『プロテスタンティズムの倫理と資本主義の精神』（上下）、岩波文庫、一九五五、一九六二年
大江健三郎『持続する志』文藝春秋、一九六八年
経済企画庁編『昭和三一年次経済報告』大蔵省印刷局、一九五六年
出版史研究会「総合雑誌百年史」『流動』一九七九年七月号
竹内洋「学校が輝いたとき」竹内洋編『学校システム論——子ども・学校・社会』放送大学教育振興会、二〇〇二年
夏目漱石『こゝろ』角川文庫、一九五一年
フリードリッヒ・ニーチェ（小倉志祥訳）『ニーチェ全集四　反時代的考察』理想社、一九八〇年
牧野武夫『雲か山か——雑誌出版うらばなし』学風書院、一九五六年

三島由紀夫『宴のあと』新潮文庫、一九六九年
吉川洋『高度成長』読売新聞社、一九九七年

1章

阿部次郎「文化の中心問題としての教養」『秋窓記』岩波書店、一九三七年
飯塚繁太郎『評伝シリーズ1　宮本顕治』国際商業出版、一九七六年
石坂洋次郎「青い山脈」『新潮現代文学9』新潮社、一九七九年
大江健三郎『厳粛な綱渡り』文藝春秋、一九六五年
荻野富士夫『思想検事』岩波新書、二〇〇〇年
奥野健男「黒井千次」『素顔の作家たち――現代作家132人』集英社、一九七八年
唐木順三ほか「大正の青春」『改造』一九五三年七月号
河合栄治郎編『学生叢書』全一二巻、日本評論社、一九三六―四一年
川西政明『評伝高橋和巳』講談社、一九八一年
河村只雄『思想問題年表』青年教育普及会、一九三六年
菊川忠雄『学生社会運動史』中央公論社、一九三一年
教育の明日を考える会編『われら新制高校生』かもがわ出版、一九九九年

黒井千次「敗戦を十代始めで迎えた僕らについて」『仮構と日常』河出書房新社、一九七一年
古茂田信男ほか編『日本流行歌史』戦前編、社会思想社、一九八一年
西條八十『西條八十　唄の自叙伝』日本図書センター、一九九七年
桜田満編『現代日本文学アルバム第九巻　石坂洋次郎』学習研究社、一九七三年
思想調査資料集成刊行会編『文部省思想局思想調査資料集成』全二八巻、日本図書センター、一九八一年
篠原茂『大江健三郎文学事典』森田出版、一九九八年
社会問題資料研究会編『左翼前歴者の転向問題に就て』司法省刑事局、一九四一年
竹内洋「『左傾学生』の群像」稲垣恭子・竹内洋編『不良・ヒーロー・左傾』人文書院、二〇〇二年
田中保隆「大正期教養派の評論」『国文学』五巻一三号、一九六〇年
筧田知義「旧制高等学校教育の終焉」『富山県立大学紀要』第七巻、一九九七年
新居格『左傾思潮』文泉堂書店、一九二一年
林達夫「共産主義的人間」『林達夫著作集』5、平凡社、一九七一年
林達夫・久野収『思想のドラマトゥルギー』平凡社、一九七四年

林房雄『文学的回想』新潮社、一九五五年
松田道雄『日本知識人の思想』筑摩書房、一九六五年
松田道雄「解説」『近代日本思想大系35　昭和思想集』Ⅰ、筑摩書房、一九七四年
丸山眞男「『日本浪曼派批判序説』以前のこと」『丸山眞男集』第一二巻、岩波書店、一九九六年
宮本顕治「『敗北の文学』を書いたころ」『図書』一九四九年一二月号
安田常雄「マルクス主義と知識人」『岩波講座　日本通史』第一八巻、岩波書店、一九九四年
山中明『戦後学生運動史』績文堂、一九八一年
吉本隆明『藝術的抵抗と挫折』未來社、一九六三年
ドナルド・ローデン（森敦監訳）『友の憂いに吾は泣く――旧制高等学校物語』（上下）、講談社、一九八三年
和辻哲郎「教養」『和辻哲郎全集』第二〇巻、岩波書店、一九六三年
Jerome Karabel "Towards a theory of intellectuals and politics" *Theory and Society*, 25, 1996

2章

石原慎太郎『太陽の季節』新潮文庫、一九五七年
石原慎太郎『亀裂』文藝春秋新社、一九五八年
石原慎太郎『弟』幻冬社、一九九六年
井上ひさし『ベストセラーの戦後史』1、文藝春秋、一九九五年
江藤淳「知られざる石原慎太郎」『婦人公論』一九六八年九月号
尾崎盛光『日本就職史』文藝春秋、一九六七年
尾崎盛光『就職』中公新書、一九六七年
岸本英太郎編『現代のホワイトカラー』ミネルヴァ書房、一九六一年
北河賢三「一九三〇年代の思想と知識人」鹿野政直ほか編『近代日本の統合と抵抗』4、日本評論社、一九八二年
「近代主義批判特集」『前衛』三〇号、一九四八年
黒井千次『時間』河出書房新社、一九六九年
経営評論社編『就職必携』経営評論社、一九五〇年
佐々木毅ほか編『戦後史大事典』三省堂、一九九一年
佐野眞一「石原慎太郎のすべて」『現代』二〇〇二年九、一〇月号、二〇〇三年一月号

「就職『転向』論」『週刊読書人』一九五九年九月一四日号
「就職『転向』論への反響」『週刊読書人』一九五九年一〇月一二日号
鈴木貞美『大正生命主義と現代』河出書房新社、一九九五年
『大学篇就職準備事典　昭和三一年版』自由国民社、一九五五年
高橋和巳「投稿について」『孤立無援の思想』河出書房、一九六六年
竹内洋『複眼サラリーマン学』東洋経済新報社、一九八五年
田村泰次郎『大学』美和書房、一九四七年
新居格「翼をもつテンポ」『中央公論』一九二八年七月号
間宏『日本の使用者団体と労使関係』日本労働協会、一九八一年
日高六郎編『現代日本思想大系34　近代主義』筑摩書房、一九六四年
三島由紀夫「解説」『新鋭文学叢書8　石原慎太郎集』筑摩書房、一九六〇年
Atsuko Hirai, *Individualism and Socialism: The Life and Thought of Kawai Eijiro*, Harvard University Press, 1986

3　章

レーモン・アロン（三保元訳）『レーモン・アロン回想録』1、みすず書房、一九九九年

石原謙ほか「『思想』五〇〇号記念によせて」『思想』一九六六年二月号
内田道雄「『三四郎』論――上京する青年」『国文学　言語と文芸』七五号、一九七一年三月号
XY生『文科大学学生々活』今古堂書店、一九〇五年
大川一毅「近代日本の大学における『文学部』の成立について――東京大学『文学部』を中心にして」『フィロソフィア』八〇号、一九九二年
大川一毅「日本における大学の量的拡大についての一考察――一九六〇年代の文学部設置動向を中心に」『大学史研究』八号、一九九三年
岡田実ほか「東京帝国大学生生計調査」(一)、(二)『受験と学生』一九二六年一一、一二月号
『学生生活実態調査報告』京都大学学生部、一九八七、八九、九一、九三、九五年度版
京都大学文学部『京都大学文学部五十年史』一九五六年
久米正雄「選任」「万年大学生」『学生時代』角川文庫、一九五四年
『現代用語の基礎知識　一九八六年版』自由国民社、一九八六年
高田里惠子『文学部をめぐる病――教養主義・ナチス・旧制高校』松籟社、二〇〇一年
高橋都素武『赤門生活』南北社、一九一三年

竹内洋「教養知識人のハビトゥスと身体」青木保ほか編『近代日本文化論4 知識人』岩波書店、一九九九年
田原音和「École Normale Supérieure について」『東北大学教育学部附属大学教育開発センター 10周年記念論集』一九八四年
東京大学百年史編集委員会編『東京大学百年史』全一〇巻、東京大学出版会、一九八四―八七年
東京帝国大学『東京帝国大学一覧 自大正二年至大正三年』一九一四年
東京帝国大学『東京帝国大学一覧 自大正三年至大正四年』一九一五年
東京帝国大学庶務課『入学者ニ関スル調査報告』(昭和一〇―一六年度)、一九三五―四一年
『図書』岩波書店、一九三八年八月号―四二年一二月号、復刊一九四九年一一月―一九七五年一二月号
夏目漱石『漱石全集第七巻 三四郎』岩波書店、一九五六年
デビット・ノッター／竹内洋「スポーツ・エリート・ハビトゥス」杉本厚夫編『体育教育を学ぶ人のために』世界思想社、二〇〇一年
橋本鉱市「近代日本における『文学部』の機能と構造――帝国大学文学部を中心として」『教育社会学研究』第五九集、一九九六年

埴原一亟『蒼白きインテリ』弘文館、一九三一年
日根野秀雄『卒業者名簿』東京帝国大学文学部学友会、一九三一年
ピエール・ブルデュー／ジャン＝クロード・パスロン（石井洋二郎監訳）『遺産相続者たち』藤原書店、一九九七年
前田一『サラリマン物語』東洋経済出版部、一九二八年
三好行雄「迷羊の群れ――『三四郎』夏目漱石」『三好行雄著作集』第五巻、筑摩書房、一九九三年
山田浩之『教師の歴史社会学――戦前における中等教員の階層構造』晃洋書房、二〇〇二年
ロマン・ロラン（蛯原徳夫ほか訳）『ロマン・ロラン全集三二　ユルム街の僧院』みすず書房、一九六六年
Ludwig Huber, "Disciplinary Cultures and Social Reproduction" *European Journal of Education*, 25, 1990
Robert J. Smith, *The École Normale Supérieure and The Third Republic*, State University of New York Press, 1982
Ezra N. Suleiman, *Elites in French Society*, Princeton University Press, 1978
George Weisz, *The Emergence of Modern Universities in France, 1863-1914*, Princeton University

Press, 1983

4章

安倍能成『岩波茂雄伝』岩波書店、一九五七年
池内訓夫「講談社とはどんな所か」『話』一九三四年一二月号
『岩波月報』一九三八年一月—同年七月、岩波書店
岩波書店編『岩波書店八十年』岩波書店、一九九六年
岩波文庫の会『文庫』一号—一一一号（一九五一年四月—一九六〇年一二月）、岩波書店
江藤淳『漱石とその時代』第五部、新潮社、一九九九年
ハンス・マグヌス・エンツェンスベルガー（石黒英雄訳）『意識産業』晶文社、一九七〇年
海後宗臣「学生と読書」『読書人』一九四一年一二月号
海後宗臣・吉田昇『学生生活調査』日本評論社、一九四三年
木村毅「早稲田大学と夏目漱石——『三四郎』の与次郎をめぐりて」『早稲田大学史紀要』第一巻二号、一九六七年
アール・キンモンス（広田照幸ほか訳）『立身出世の社会史』玉川大学出版部、一九九五年
栗田確也編『出版人の遺文　岩波書店　岩波茂雄』栗田書店、一九六八年

「巻説　出版界」『図書新聞』一九五七年一〇月五日号
小林勇『惜櫟荘主人──一つの岩波茂雄伝』岩波書店、一九六三年
斎藤利彦『競争と管理の学校史』東京大学出版会、一九九五年
佐藤卓己『「キング」の時代──国民大衆雑誌の公共性』岩波書店、二〇〇二年
社会思想社編『社会思想社小史』社会思想社、一九六七年
ハルオ・シラネ／鈴木登美編『創造された古典』新曜社、一九九九年
杉田智美「『三四郎』遡行」『漱石研究』第一〇号、一九九八年
『世界　第一号～第二〇〇号総目次』岩波書店、一九六二年
高橋一郎「文化的再生産の再検討」『ソシオロジ』第三五巻一号、一九九〇年
田中紀行「近代日本における西洋『古典』の受容過程」平成一〇年度─一四年度文部科学省科学研究費特定領域研究（A）古典学の再構築、二〇〇一年
谷川徹三「『思想』の十七年──昭和四年から昭和二十年まで」『思想』四〇〇号、一九五七年
都築勉『戦後日本の知識人　丸山眞男とその時代』世織書房、一九九五年
鶴見祐輔「『雄弁』創刊当時の思出」『雄弁』一九二七年一月号
戸叶勝也『レクラム百科文庫』朝文社、一九九五年

戸坂潤「現代に於ける『漱石文化』」『戸坂潤全集』第五巻、勁草書房、一九六七年
中陣隆夫「岩波書店の軌跡」（その1）『出版研究』日本出版学会編、一九九八年
日本中学校『日本中学校五十年史』日本中学校、一九三七年
野間清治『私の半生』千倉書房、一九三六年
塙作楽『岩波物語――私の戦後史』塙作楽著作刊行会、一九九〇年
深谷昌志『学歴主義の系譜』黎明書房、一九六九年
ピエール・ブルデュー（荒川幾男訳）「知の場と創造投企」ジャン・ブイヨン編（伊東俊太郎ほか訳）『構造主義とは何か』みすず書房、一九六八年
「(三木清）年譜」『三木清全集』第二〇巻、岩波書店、一九八六年
水島和則「文化的再生産と社会変動」宮島喬編『文化の社会学――実践と再生産のメカニズム』有信堂、一九九五年
箕輪成男『消費としての出版』弓立社、一九八三年
三宅剛一・酒井修「［資料］読書の思い出　解題」『ヘーゲル学報』第四号、一九九九年
森田草平『私の共産主義』新星社、一九四八年
山崎安雄『岩波茂雄』時事通信社、一九六一年
山本夏彦『私の岩波物語』文藝春秋、一九九四年

山本芳明「岩波茂雄と夏目漱石」『漱石研究』一三号、二〇〇〇年
Piere Bourdieu, "The Forms of Capital" in Richardson, J. ed., *Handbook of Theory and Research for the Sociology of Education*, Greenwood, 1986
Nan Lin, *Social Capital : A Theory of Social Structure and Action*, Cambridge University Press, 2001

5章

青木保ほか編『近代日本文化論3　ハイカルチャー』岩波書店、二〇〇〇年
石坂洋次郎「若い人」『日本の文学　58』中央公論社、一九六四年
石田一良ほか「現代日本の思想」『自由』一九六二年一〇月号
磯田光一『鹿鳴館の系譜』講談社文芸文庫、一九九一年
猪熊葉子ほか編『講座　日本児童文学』第二巻、明治書院、一九七四年
ノルベルト・エリアス（赤井慧爾ほか訳）『文明化の過程』（上下）、法政大学出版局、一九七七、七八年
岡田隆彦「江戸趣味とその特殊性」『現代詩手帳』一九七〇年四月号
小木新造・前田愛ほか編『明治大正図誌』東京一―三、筑摩書房、一九七八―七九年

桂濱月下漁郎「武士道と文学」『太陽』一九〇五年八月号
加藤秀俊「中間文化」『加藤秀俊著作集』6、中央公論社、一九八〇年
門脇厚司・北村久美子「大正期新学校支持層の社会的特性――成城学園入学者父兄の特性分析をもとに」『筑波大学教育学系　教育学系論集』第一四巻二号、一九九〇年
河合栄治郎編『学生と読書』日本評論社、一九三八年
川合隆男ほか監修『奥井復太郎著作集』大空社、一九九六年
岸本重陳『「中流」の幻想』講談社、一九七八年
九鬼周造『「いき」の構造』岩波文庫、一九七九年
エドワード・サイデンステッカー（安西徹雄訳）『東京　下町山の手』ちくま学芸文庫、一九九二年
マックス・シェーラー（秋元律郎訳）「道徳形成におけるルサンチマン」『現代社会学大系8　マンハイム・シェーラー　知識社会学』青木書店、一九七三年
獅子文六『山の手の子』創元社、一九五〇年
陣内秀信『東京の空間人類学』筑摩書房、一九八五年
杉浦章介「戦前期東京『山の手』における階層分化と地域分化」『慶應義塾大学日吉紀要　社会科学』四号、一九九三年

タキエ・スギヤマ・リブラ（竹内洋ほか訳）『近代日本の上流階級――華族のエスノグラフィー』世界思想社、二〇〇〇年
トマス・スミス（大島真理夫訳）『日本社会史における伝統と創造』ミネルヴァ書房、一九九五年
ヘンリー・スミス（松尾尊兊ほか訳）『新人会の研究』東京大学出版会、一九七八年
園田英弘「近代日本の文化と中流階級」青木保ほか編『近代日本社会論5　都市文化』岩波書店、一九九九年
祖父江孝男編『日本人はどう変わったのか』NHKブックス、一九八七年
高須梅渓「下町娘と山の手娘」『婦人倶楽部』一九二二年一〇月号
竹内洋『パブリック・スクール』講談社現代新書、一九九三年
武田泰淳『士魂商才』岩波現代文庫、二〇〇〇年
田山花袋『東京の三十年』講談社文芸文庫、一九九八年
遠山茂樹編『日本近代思想大系2　天皇と華族』岩波書店、一九八八年
中井久夫『分裂病と人類』東京大学出版会、一九八二年
中野孝次『苦い夏』河出書房新社、一九八〇年
中野翠『ふとどき文学館』文藝春秋、一九九七年

中村真一郎「女たち」『日本の文学 72』中央公論社、一九六九年
新関岳雄『光と影——ある阿部次郎伝』三省堂、一九六九年
野田宣雄「農業衰退と知識人の運命」『歴史の危機』文藝春秋、一九九二年
袴田茂樹『文化のリアリティー』筑摩書房、一九九五年
間宏編『高度経済成長下の生活世界』文眞堂、一九九四年
アンナ・ボスケッティ（石崎晴己訳）『知識人の覇権——20世紀フランス文化界とサルトル』新評論、一九八七年
丸山眞男『日本の思想』岩波新書、一九六一年
水上瀧太郎「山の手の子」『水上瀧太郎全集』第一巻、岩波書店、一九四一年
村上一郎『岩波茂雄』砂子屋書房、一九八二年
安丸良夫『日本の近代化と民衆思想』青木書店、一九七四年
Hans Mueller, *Bureaucracy, Education and Monopoly*, University of California Press, 1984
Frank Musgrove, *School and the Social Order*, John Wiley & Sons, 1979
Mark Poster, *Existential Marxism in Postwar France*, Princeton University Press, 1975
Ben-Ami Shillony, "Universities and Students in Wartime Japan" *Journal of Asian Studies*, Vol. 45, No.4. 1986

終章

浅羽通明『野望としての教養』時事通信社、二〇〇〇年
足立利昭「学識を枠で包んだ『暗闇の牛』」『月刊自由民主』一九九一年五月号
石田英敬「『教養崩壊』の時代と大学の未来」『世界』二〇〇二年一二月号
井上俊「日本文化の一〇〇年」『悪夢の選択』筑摩書房、一九九二年
岩波書店編集部編『岩波新書の50年』岩波書店、一九八八年
ポール・ウィリス（熊沢誠・山田潤訳）『ハマータウンの野郎ども　学校への反抗・労働への順応』筑摩書房、一九八五年
マックス・ウェーバー（濱島朗訳）『権力と支配』有斐閣、一九六七年
大川勇『可能性感覚――中欧におけるもうひとつの精神史』松籟社、二〇〇三年
大野力『ビジネスマン』三一新書、一九六四年
大村英昭「階級文化の不在」井上俊編『現代文化を学ぶ人のために』世界思想社、一九九三年
ホセ・オルテガ・イ・ガセット（桑名一博訳）「大衆の反逆」『オルテガ著作集』二、白水社、一九六九年

加藤尚文『大卒労働力』日本経営出版会、一九七一年
苅谷剛彦『大衆教育社会のゆくえ』中公新書、一九九五年
河合栄治郎研究会編『教養の思想』社会思想社、二〇〇二年
木川田一隆「私の履歴書」日本経済新聞社編『私の履歴書　経済人13』日本経済新聞社、一九八〇年
木村直恵『〈青年〉の誕生』新曜社、一九九八年
小島光造『木川田一隆の魅力』同信社、一九九六年
アーヴィング・ゴッフマン（石黒毅訳）『アサイラム——施設被収容者の日常世界』誠信書房、一九八四年
宍戸恭一『現代史の視点　〈進歩的〉知識人論』深夜叢書社、一九八二年
「『人生雑誌』の秘密　若者の求めているものは何か？」『週刊朝日』一九五五年七月一七日号
全学共通科目レビュー委員会『京都大学の教育と学生生活』一九九七年
竹内洋「大衆受験社会と学卒労働市場　対応と揺らぎ」『日本労働社会学会年報』七、一九九六年
竹内洋「サラリーマンという社会的表徴」井上俊ほか編『岩波講座現代社会学23　日本文化

の社会学』岩波書店、一九九六年
竹内洋・中公新書ラクレ編集部編『論争・東大崩壊』中公新書ラクレ、二〇〇一年
中央教育審議会『新しい時代における教養教育の在り方について（答申）』二〇〇二年
マーチン・トロウ（天野郁夫・喜多村和之訳）『高学歴社会の大学』東京大学出版会、一九七六年
新沢ひろ子『ビートたけし論』学陽書房、一九九五年
フリードリッヒ・ニーチェ（原祐訳）『ニーチェ全集一二　権力への意志』（下）、理想社、一九八〇年
埴谷雄高「政治と文学と——吉本隆明への手紙」『海燕』一九八五年二月号
布川清司・野崎務・遠島満宗「人生雑誌の運動をになうもの」『思想の科学』一九六三年一一月号
ピエール・ブルデュー／ロジェ・シャルチェ「読書——ひとつの文化的実践」ロジェ・シャルチェ編（水林章ほか訳）『書物から読書へ』みすず書房、一九九二年
前尾繁三郎「岩元禎先生の哲学碑」『文藝春秋』一九七三年九月号
前尾繁三郎「私の履歴書」『私の履歴書』50、日本経済新聞社、一九七四年
前尾繁三郎先生遺稿集編集委員会『前尾繁三郎著「十二支攷」別冊』前尾繁三郎先生遺稿集

出版刊行会、二〇〇〇年
松下圭一「戦後世代の生活と思想」(上下)『思想』四二一、四二四号、一九五九年
松本健一『戦後世代の風景』第三文明社、一九八〇年
丸山眞男『自己内対話』みすず書房、一九九八年
宮城音弥「人生論の流行について」『知性』一九五五年一月号
三宅明正「日本社会におけるホワイトカラーの位置」『社会政策学会年報』第三九集、一九九五年
村上泰亮『新中間大衆の時代』中公文庫、一九八六年
矢野眞和「青年の死」『IDE　現代の高等教育』一九九三年四月号
山口健二「京都大学卒業生と読書」京都大学教育学部『京都大学卒業生意識調査』、一九九六年
山口健二『大学のマス化段階における大学生の読書行動の変容についての実証的研究』平成九年度・平成一〇年度科学研究費補助金研究成果報告書、一九九九年
山口昌男「文化の中の『知識人』像」『思想』一九六六年三月号
山崎正和「『教養の危機』を超えて」『This is 読売』一九九九年三月号
山本明「新しい読者の新しい読み方」鈴木均『読者を探せ　最新「本読み」事情』学陽書房、

一九八一年
吉本隆明「政治なんてものはない——埴谷雄高への返信」『海燕』一九八五年三月号
吉本隆明「重層的な非決定へ——埴谷雄高の『苦言』への批判」『海燕』一九八五年五月号
和賀仁朗「教養が総理の座を遠ざけた」『国会ニュース』一九九六年九、一〇月号

や　行

ら　行

わ　行

さ　行

た　行

人名・事項索引

あ 行

か 行

竹　内　洋（たけうち・よう）

1942年（昭和17年），東京都生まれ，京都大学教育学部卒業，同大学院教育学研究科博士課程単位取得退学，京都大学教授，関西大学教授を経て，京都大学名誉教授，関西大学名誉教授．専攻，歴史社会学・教育社会学．
著書『大衆の幻像』（中央公論新社）
『メディアと知識人』（中央公論新社）
『革新幻想の戦後史』上下（中公文庫）
『学問の下流化』（中央公論新社）
『社会学の名著30』（ちくま新書）
『丸山眞男の時代』（中公新書）
『増補 立身出世主義』（世界思想社）
『大学という病』（中公叢書，中公文庫）
『学歴貴族の栄光と挫折』（講談社学術文庫）
『日本のメリトクラシー 増補版』（東京大学出版会）
『立志・苦学・出世』（講談社学術文庫）など
共著『アメリカの大学の裏側』（朝日新書）など
編著『日本の論壇雑誌』（共編，創元社）など
訳書『知識人とファシズム』（共訳，柏書房）など

教養《きょうよう》主義《しゅぎ》の没落《ぼつらく》
中公新書 *1704*

2003年 7 月25日初版
2025年 2 月25日17版

日本音楽著作権協会（出）許諾
第0308451-416号

著　者　竹　内　　洋
発行者　安　部　順　一

本文印刷　暁　印　刷
カバー印刷　大熊整美堂
製　　本　小泉製本

発行所　中央公論新社
〒100-8152
東京都千代田区大手町1-7-1
電話　販売 03-5299-1730
　　　編集 03-5299-1830
URL https://www.chuko.co.jp/

Published by CHUOKORON-SHINSHA, INC.
Printed in Japan　ISBN978-4-12-101704-8 C1237

中公新書刊行のことば

いまからちょうど五世紀まえ、グーテンベルクが近代印刷術を発明したとき、書物の大量生産は潜在的可能性を獲得し、いまからちょうど一世紀まえ、世界のおもな文明国で義務教育制度が採用されたとき、書物の大量需要の潜在性が形成された。この二つの潜在性がはげしく現実化したのが現代である。

いまや、書物によって視野を拡大し、変りゆく世界に豊かに対応しようとする強い要求を私たちは抑えることができない。この要求にこたえる義務を、今日の書物は背負っている。だが、その義務は、たんに専門的知識の通俗化をはかることによって果たされるものでもなく、通俗的好奇心にうったえて、いたずらに発行部数の巨大さを誇ることによって果たされるものでもない。現代を真摯に生きようとする読者に、真に知るに価いする知識だけを選びだして提供すること、これが中公新書の最大の目標である。

私たちは、知識として錯覚しているものによってしばしば動かされ、裏切られる。私たちは、作為によってあたえられた知識のうえに生きることがあまりに多く、ゆるぎない事実を通して思索することがあまりにすくない。中公新書が、その一貫した特色として自らに課すものは、この事実のみの持つ無条件の説得力を発揮させることである。現代にあらたな意味を投げかけるべく待機している過去の歴史的事実もまた、中公新書によって数多く発掘されるであろう。

中公新書は、現代を自らの眼で見つめようとする、逞しい知的な読者の活力となることを欲している。

一九六二年一一月

中公新書

教育・家庭

社会・生活